DOFBI K. KASARAGI

LA CONGREGATION DES DAMNES
(essai)

à Irene Morgan et Rosa Parks

à Trayvon Martin et Michael Brown

à Myriam Makeba et Nina Simone

à Tommy Smith et John Carlos

à Stockely Carmichael

à Robert Sobukwe

à Hugh Masekela, The Great Perfect African

"Le progrès ne se mesure pas en quantité de sang versé mais en quantité de sang épargné"

Aimé Césaire

Cet essai n'est pas une carte de vœux mais un cri de rage.

Il est politiquement incorrect assumé. Il est décousu souvent et de parti pris parfois. Il est écrit comme il aurait été spontanément parlé, avec colère et passion : ce n'est pas un beau livre.

Un éditeur juif a refusé de le prendre en charge parce-que, selon lui, il est "implicitement" antisémite. Un Français dit de souche l'a trouvé anti Français. Que les éditeurs frileux et partisans me lâchent la grappe avec leurs explications imbéciles, chacun estimant que je m'acharne sur sa paroisse : je tape sur tout le monde, il suffit de lire !!

À part, bien sûr, les pays arabes qui, tous, sans exception, sont esclavagistes par atavisme : pour eux, chez eux, un Noir est une simple merde depuis le Prophète, leur modèle impeccable, lui-même possesseur d'esclaves, la France est l'unique pays ayant profité de l'Esclavage qui continue, de manière ignoble, à regarder de l'autre côté lorsqu'il s'agit d'en parler. Voici probablement la raison pour laquelle, ce 19 octobre 2010, à 02 : 45, longtemps après avoir essayé de placer, chez des éditeurs, cet ouvrage, j'ouvre ce chapitre de la France ségrégationniste ultra virulente anti Noirs.

Avant d'envoyer chez un éditeur, je fais lire à des proches qui ne se connaissent généralement pas entre eux. Si certains sont choqués par certains propos, tous trouvent équitable que ce bouquin paraisse. En fait, je suis désolé : je n'aurais pas rajouté ce bizarre truc en gras si certains de ces potes à moi n'étaient pas là à me menacer de représailles si je cesse d'être moi. Alors pardon, la sensibilité, ça se calcule pas : j'en bois un grand verre tout en acceptant les bisous, caresses, baisers à pleine bouche... Tout sympa. On est jour de fête -très petite puisqu'elle se passe chez moi, avec les aléas de la salope de voisine d'en-dessous. Photos, bisous...

Bon, je finis -ou disais : avant d'envoyer un manuscrit, je le fais lire à plusieurs potes qui ne sont pas potes entre eux.

Et donc, ce bouquin-ci n'est pas refusé pour cause d'incohérence ou de stupidité.

Je peux le réactualiser indéfiniment puisqu'il n'est pas un jour où l'on lise ou entende (radios, télés, web) quasiment mot pour mot, une bonne partie de ce qui suit depuis si longtemps, dont Gallimard ne veut pas, non plus que Grasset, parlons pas d'XO, du Cherche... plus de dix Maisons dont certaines l'ont gardé plus de six mois -ce qui me donne à réfléchir-avant d'envoyer leur fin de non-recevoir accompagnée d'une demande de timbres sur enveloppe ?? Voilà qui manque totalement de classe... et d'impartialité.

En réalité, je pense que ce truc ne sera, soit jamais publié parce-que j'accepte pas n'importe-quoi, soit à cause de tout ce qui suit.

Est-il quelqu'un pour me rejoindre ouvertement dans ce constat d'une réalité : ce pays, France, est une dictature -mineure, certes, mais inacceptable-depuis l'élection présidentielle, à partir du moment où ni le Premier ministre ni ceux qu'il est censé avoir nommés se révèlent des zombies, tous aux ordres comme il n'a jamais été vu en France républicaine.

Ce –très cacatoire- président, lequel, au jour où je rallonge mon texte, malgré les manifs quotidiennes et réactions de son propre camp, déclare tranquillement qu'il ne saurait être faite une virgule à la proposition rejetée depuis plusieurs semaines par le peuple-est un malade mental dont nombre de psy ne peuvent ignorer l'état pathologique catastrophique. Mais bon, ils en parlent pas. Ils seront légion un jour.. Pour ma part, je déclare que tout ce qui est psy en France, à l'écoute de cet homme, est collabo comme en 40-44, parce-qu'ils savent exactement que ce bonhomme bourré de tics souffre psychologiquement de plusieurs complexes qui l'empêchent d'occuper cette fonction : son manque de culture, son rapport avec les femmes sa vulgarité (manque ostentatoire de savoir-vivre minimal), sa taille et, surtout, son avidité à exercer le pouvoir absolu vis à vis de la Congrégation des Damnés.

Dans cette"Congrégation des Damnés" sont, bien sûr, les fachos avérés dont un qui, condamné pour propos ségrégationnistes, à ce jour, 19 octobre 2010, gagne plutôt des galons. Il y a les mort-vivants, cette équipe gouvernementale présumée dont les membres ont suspendu leurs âmes........ pour en être !!

Les Damnés : François Fillon, l'avaleur de couleuvres hors pair et ses gouvernements.

Tout d'abord, l'usage du mot "race" et de ses dérivés sera dû à une tenace habitude totalement infondée.

Il n'existe pas de réalité de race telle que nous utilisons -forcément-improprement ce terme.

On pourrait parler de race végétale par rapport à la race animale dont nous sommes. Certainement pas de races noire, jaune, rouge ou blanche. Cette réalité n'est plus contestée par aucun scientifique, même pas par aucun esprit honnête doté d'un minimum de culture. Une simple différence de mélanine recouvrant exactement les mêmes mécanismes -gênes-habilitant aux mêmes fonctions n'est pas considérable comme une différence "raciale".

Que les Américains et les Africains aient été envahis, outragés dans leur essence, esclavagisés, massacrés, est uniquement une faute d'appréciation de la culture, un simple abus de pouvoir.

Cela prendra du temps mais la notion de race disparaitra aussi sûrement que Pluton a cessé d'être appelé "planète". Parce-qu'elle n'a aucune raison d'être.

D'où vient alors que le terme "racisme" n'ait jamais été autant employé ?? Parce-que la simple xénophobie que recèle ce terme anéantirait la théorie de la supériorité d'un homme d'une couleur donnée sur un autre. De l'homme blanc, parfait, sur tous les autres, imparfaits.

Puisque des quantités de personnes sont au courant de cette erreur qui a trop longtemps perduré -particulièrement celles qui continuent d'en utiliser les mots, -par distraction ou dans le but de perpétuer des idées fausses-et que personne ne songe à taper sur la table pour imposer la réalité, je suis libre de penser que l'homme de couleur plus ou moins rosâtre qui s'est auto-appelé "homme blanc" -donnant tous les droits au cochon de se décréter "animal supérieur"-et qui domine le monde pour des raisons peu glorieuses, s'accroche au mythe, souvent sans bien s'en rendre compte, parfois sciemment. Malgré la science et l'Histoire. Contribuant par mauvaiseté et par lâcheté à leurs pires détestables excès.

Avez-vous remarqué qu'il a été insidieusement créé, depuis les US, une nouvelle race : "latino".

Jusque-là, c'est insidieux. Très insidieux. Tellement insidieux que c'en est carrément devenu un ordre de l'accepter. Du coup, tout ce qui est basané hispanique est devenu "latino" dans le sens de "non-blanc". Et nous autres, moutons bien dressés, l'admettons sans même nous en rendre compte. De la même manière que l'Arabe persécuté en Europe oublie qu'il est classifié "race blanche" et se plaint que ça ne se passerait pas ainsi s'il avait été blanc.

Je dis "nous" par charité car, en réalité, il s'agit de vous qui avalez et avalisez tout, bande de cons !! Cette fausse notion sert à masquer un fascisme, un nazisme qui, quand bien même il ne resterait que des Blancs sur terre, trouverait moyen de dresser un mur entre Blancs supérieurs et les autres Blancs.

Ce qui est communément appelé "racisme" est une discrimination due à la différence de couleur de peau, aux différences de manières de vivre, aux différences d'origines. Cette discrimination devient plus simplement compréhensible, en sémantique, lorsqu'elle regroupe toutes les différences : elle devient "misanthropie" puisqu'on ne peut plus aimer personne.

Que surtout l'on n'aille pas s'y tromper : j'écris ceci pour réclamer, au nom de l'Afrique, des Tziganes et des Amérindiens -ils sont les mêmes que ceux d'Afrique, même si mal nommés-notre fraternité avec les autres Humains. Ils ont perdu ce sens depuis des siècles : ils tuent pour rien tandis-que lorsqu'il nous arrive de tuer, c'est par peur d'être tué.

Mais ils sont nos frères. De la même manière qu'une mère souffre de la perte d'un enfant réfractaire qui l'a fait pleurer plus souvent qu'à son tour, l'expression de cette fraternité nous manque et nous osons l'avouer sans aucune gêne.

Ils nous heurtent, nous blessent et nous maltraitent.

Mais ils sont notre famille. Pourquoi ne viennent-ils à nous qu'en grande détresse et, requinqués, repartent en ayant honte d'avoir eu besoin de nous, lorsqu'ils ne nous bousculent pas. Nous ne sommes jamais tombés dans ce piège et cela n'arrivera pas.

Ce livre n'appelle pas à la haine mais à la fraternité. Même s'il est truffé de vérités qui ne plaisent pas. Il faut qu'elles soient dites pour que le deuil en soit enfin fait.

Ne perdez jamais de vue que Mussolini, puis Hitler, ces symboles de la grandeur de l'homme blanc, furent tous les deux, en leur temps, proposés pour le prix Nobel de la Paix.

Je professe infiniment de respect pour ce souverain danois qui, dans la même période, sortait, ostensiblement, avec une étoile jaune cousue sur sa vêture, en signe de protestation anti nazi et de solidarité envers les juifs.

C'est dire en quelle estime je tiens ces personnes, les Justes, dans la dignité et sans ostentation.

Marek veut absolument saluer la mémoire des Justes ?? Le Juste, dans le sens où je l'entends avec lui, serait lui-même, mister Marek, avec puissance de parler de Justes qui ont aidé des Noirs enlevés d'Afrique. Il n'est pas d'échappatoire vis à vis de l'Histoire. Et donc, Marek : ta gueule !!

Et, savez-vous qui a affirmé ceci devant le Parlement :

"Les races supérieures ont le devoir de civiliser les races inférieures"

Benito ?? Adolf ??

Pas du tout : Jules Ferry, président du Conseil et père, très respecté en Francophonie, de l'école laïque. Dont, à Dakar comme en France, le nom est célébré par d'innombrables plaques.

Si l'Histoire avait été respectée, ces plaques ne seraient pas, mais il aurait été expliqué que Monsieur Ferry ne pensait probablement pas à mal puisque c'était la pensée commune. Il aurait été un simple sot. Comme ces messieurs qui nous gouvernent à coups d'identité nationale. Et dont l'identité est celle d'ânes (pardon, pauvres bêtes, vous ne méritez pas ça !!)

Éric Laval -ne pas confondre l'autre infect pou- se plaint d'un commentateur humoristique qui décrit "ses yeux de fouine", "son menton fuyant", et autres caractéristiques. Je lui réponds que c'est lui qui a ouvert -sur ordre, comme tous les membres de ce gouvernement-la boîte de Pandore : fait pas bon jouer à l'apprenti-sorcier et, si rien n'avait été vrai, non les traits mais ce à quoi ils rapportent, mister Laval l'aurait pris à la légère. Peut-être en tirera-t'il les conséquences ?? Eh ben non. Il déclare que "les femmes voilées -ou portant la burqa, je ne sais plus les mots exacts mais c'est bien cela que ça dit sans ambiguïté- ressemblent à des cercueils". Eh bien, au risque de tout, moi, je dis que les femmes en burqa sont ultra-sexy du fait, justement, qu'en ne voyant que les yeux, on n'a pas de Besson dans nos cerveaux pour nous empêcher d'imaginer ce qu'il y a en dessous. Et ça, c'est bien plus bandant que des nanas en string à la plage !!

La burqa n'a pas droit de cité dans une démocratie pour de simples raisons de sécurité parfaitement acceptables sans avoir à invoquer l'au-delà. Toute personne doit pouvoir être identifiée instantanément dans les principaux traits de son visage. Capito, signor ?? Et, pour les autres, voilà la manière de se mettre à dos aussi bien celui qu'on réprouve que ceux qu'on défend. Mais comme j'emmerde les deux, ça ne fait aucune différence.

La burqa, je m'en tape si tu savais à quel point............. Avec tous les pauvres diables africains, musulmans pour la très grande majorité -et ça ne fait pas de différence pour les autres-dénués de tout, qui tentent de rejoindre l'Europe ou Israël, et se font flinguer comme garennes par les Égyptiens et les Marocains, nos amis, massacrer très légalement par les Libyens de Khadafi et autres Maghrébins tous respectueux d'Allah et de son prophète....... C'est bien une preuve de plus, s'il en fallait, qu'il faut être stupide, par trop de bonté et de foi en la bonté d'autrui pour être Noir et musulman....... En 2010 !!

In somma, historiquement, le problème n'est pas tant ceux qui ont causé du tort à l'humanité que ceux qui cherchent désespérément, à travers le temps, à travestir l'histoire pour rendre héroïques, soigneusement en raboter leurs saletés.

Super sujet de disserte, non, en plein débat puant sur l'identité nationale dont le héraut fait tellement plus vrai que son commanditaire qu'il eut été dommage, pour la dérision, qu'il n'existât pas.

Que veulent-ils dire avec l'expression sinistre d'Identité nationale ?? Accolée à l'Immigration ??

Plutôt : que veulent-ils cacher avec la sinistre expression d'Identité nationale ??

Qu'il faut aimer la France ?? Je me proclame le premier des Français. Chaque Français est le premier des Français, seuls sont les derniers des Français les derniers des hommes, ceux qui trafiquent l'identité de l'humanité car il n'y a pas d'autre identité-et j'emmerde la France de l'"Identité nationale"

Je proclame que tant que la France n'aura pas soldé son récent passé pendant l'Occupation -la France était collaborationniste, délatrice, lâche-elle n'arrivera pas à faire la paix avec elle-même et, partant, avec le reste du monde. Elle restera trop couarde pour se mesurer à l'aune de l'unique justice avec laquelle peu importe qu'elle gagne ou pas, son courage serait établi et son honneur rétabli-et le syndrome Raoult, qui consiste à s'attaquer au maillon jugé faible, s'en prendra à des Rama Yade et des Marie Ndiaye pour leur exprimer, en clair : "Vous avez déjà bien de la chance que la France ferme les yeux sur votre couleur, alors, sachez vous faire discrètes et la boucler à triple tour !!" D'ailleurs, avez-vous remarqué comment, depuis jusqu'à ce jour, 19 avril 2010, Rama Yade est victime d'un black-out absolu ?? Que le ramassis de cire-pompes du gouvernement Fillon le fasse n'étonne pas. Que la "*langue de vipère*" de RTL y contribue est plus sujet à caution. Pas étonnant lorsqu'à côté de ceux qui y ont leur place figurent aussi des Poivre d'Arvor, roi des lèche-bottes du journalisme français qui n'en a jamais manqué.

Voilà pourquoi les identités sont d'une dangerosité effroyable qui retarde sans jamais faire progresser. Voilà aussi pourquoi la France doit trouver sa réelle gloire -si tant est qu'elle y tienne à ce point-en tant que communauté histoire, et en faire bénéficier toutes les bonnes volontés universelles : rayer son arrogance et admettre ses défaillances seront sa plus grande gloire !!

Sa plus grande faute est, sans doute, d'avoir accordé les indépendances de 1960 sous la contrainte de l'environnement international de l'époque, mais aussi et surtout en imposant par la force -l'armée française basée à tous les endroits stratégiques-ses hommes de paille, les "Pères des Indépendances", assassinant les vrais indépendantistes et rétablissant des Léon Mba, malade mental avéré, lorsque les peuples tentaient de prendre leur indépendance réelle en main.

En matière de blanchiment d'histoire, je lis dans un quotidien parisien que les cendres du premier alpiniste à avoir gravi l'Everest, Sir Edmund Hillary, seront dispersées sur les lieux de son exploit. Fumisterie !! Le premier vainqueur connu de l'Everest s'appelle Tensing. Il était le sherpa de Hillary et a terminé l'ascension seul pendant que ce dernier ne pouvait plus avancer. Seulement, c'était un sous-homme et, donc, ça ne compte pas. Qu'il ait planté le drapeau revient exactement à l'avoir fait pour le compte de son maître british. Ils me dégoûtent tous !!

Ceci dit, n'exagérons rien non plus. En France, il faudrait réécrire tous les livres d'histoire, toutes les encyclopédies pour avoir un semblant de vérité.

Tandis qu'au Royaume-Uni, il y a des Noirs africains britanniques à la Chambre des Lords, Linton Kwesi Johnson peut y chanter librement depuis plus de 30 ans "*England is a bitch*" et le gouverneur du Canada nommé par Londres est femme ET noire. En France, il n'y a pas une seule personnalité noire d'envergure dans quelque domaine que ce soit, ce 19 avril 2010 !!

Il est triste de constater que RFI et TV5, à l'occasion du cinquantième anniversaire de ces sinistres mises en scène, continuent de servir la même soupe, présentant des assassins sans conscience comme Ahmadou Ahidjo au Cameroun ou des êtres serviles comme Léopold Senghor au Sénégal, comme autant de héros.

Robert Mugabé est stigmatisé. Mais les fermiers blancs patriotes zimbabwéens sont restés au Zimbabwe. Simplement, ils ont quitté leurs imposants domaines et leurs esclaves pour devenir de vrais travailleurs : contremaitres, bouchers ou épiciers. Ils n'ont droit à aucune louange pour ça mais pour être restés dans leur pays, enfin devenir de vrais citoyens sans la protection du parapluie britannique.

Je ne rappellerai jamais suffisamment que c'est la Grande-Bretagne qui a failli à sa parole en ce qui concerne les accords que Mugabé à respecté tout au long !!

Par contre, lorsqu'on dit, par exemple, "Max Favalelli", tout le monde pense tout de suite à un éminent homme de culture, verbicruciste apprécié, mort en 1989, à 84 ans. Dans son lit et les honneurs. Eh bien, c'était un foutu antisémite déclaré et notoire, co-rédacteur du pire des nombreux torchons collabos, *Je suis partout*, avec Robert Brasillach.

Max Favalelli n'est qu'un minable exemple, parmi des tonnes d'autres, de blanchiment d'histoire. D'ailleurs, si la France d'après-guerre avait dû jeter l'anathème sur tous les collabos ayant passé par Vichy et tourné casaque plus ou moins à la vingt-cinquième heure, sans parler de François Mitterrand -que j'apprécie infiniment pour l'abolition de la peine de mort et pour s'être rattrapé avant d'être sali et que je hais peut-être autant pour avoir gardé ses convictions maréchalistes (les gerbes sur la tombe de Pétain) et ses amitiés vichystes (les assassins Bousquet, Papon et qui sait qui d'autre.......)-composer un gouvernement en France aurait relevé du miracle.

Jacques Chaban-Delmas, président de l'Assemblée nationale, Premier ministre de Pompidou : vichyste de haut vol ayant retourné sa veste. Incarné à l'écran par Delon en sémillant jeune général de la Résistance.

Maurice Couve de Murville, ministre des Affaires étrangères puis dernier Premier ministre de De Gaulle : autre aussi éminent vichyste avec fonctions et entrées à l'hôtel du Parc comme le précédent.

De Gaulle disait, je le rappelle, à la fin de la guerre : «Les Français de souche n'ont pas suffisamment participé à la libération de la France». Bon sang, comme il avait raison !!

Pourquoi laisse-t'on tranquilles, à juste raison jusqu'à preuve du contraire, les Schicklgrüber autrichiens alors qu'un Hitler -dont même le correcteur automatique, hypocrite, ne veut pas ??- ne saurait avoir une vie normale depuis ce que vous savez ??

Logiquement, c'est une injustice par rapport à eux puisque Alois Hitler, le père de l'Adolf historique de maléfique mémoire,était un bâtard qui portait le nom de sa mère, Schicklgrüber jusqu'à ce que celle-ci trouve enfin un mari sur le tard qui s'appelait Hiedler et accepta que le bâtard porte son nom sans toutefois l'adopter.

L'histoire est très conne.

Mais lâchons donc ce sujet qui ne saurait apporter aucun bien à aucun être doté de sens commun. J'espère juste qu'il existe, pour compenser l'injuste carence, des Schicklgrüber épris de paix qui vivent en paix sans que cet ouvrage vienne jamais foutre la merde dans leur existence, sans que personne vienne leur imposer une foutue merdique "Identité nationale".

Car ils savent parfaitement ce qu'ils font. Par cupidité, ils ne cessent d'ouvrir la boîte de Pandore.

A coté d'eux, Ben Laden est un saint. D'ailleurs, à sa manière, il est un saint puisqu'il en est convaincu. Cet homme reflète une bonté et une extrême modestie qui ne sauraient être feintes à travers toutes les images connues de lui. Il est dépourvu de haine et -c'est ma conviction-est persuadé de travailler pour une cause qui dépasse la mort de millions d'hommes. C'est un croyant pour de vrai, non un hypocrite. Non,la bonté et la générosité qu'il dégage ne sont pas feintes. C'est un homme pour lequel j'éprouve de la tendresse. Il est persuadé de bien faire.

Mais les prémisses de son engagement total, absolu, sont erronées. Parce-que son directeur de conscience, son Prophète lui montre la voie. Or la voie de celui-ci est sanglante et d'un conservatisme immuable. A cette époque, c'était compréhensible. Le Coran n'est pas une source de lumière mais d'obscurité et de régression si on adapte, jour après jour, mille-trois-cents ans d'histoire postérieure à ce qu'on a cru en avoir compris. C'est aussi, pour les musulmans, un blasphème à l'intelligence du Prophète.

Qu'on laisse pratiquer en paix les musulmans qui ne cherchent pas noise aux pratiquants d'autres croyances, je veux. Qu'aucune de nos grandes gueules décideurs français et occidentaux aux plus hauts niveaux n'ose clairement dire que l'Islam qui s'appuie sur cinq piliers intouchables n'est pas soluble dans la démocratie à cause d'un de ces piliers : le jihad, la guerre sainte que les néo-kamikaze musulmans pratiquent à des niveaux d'horreur incompréhensibles et insupportables, là, je dis : ého, réveillez-vous !! Cessez de vous faire avoir par l'appât du pétrole et dites Stop !!. Que la démocratie et ses règles soient réellement appliquées envers tous ceux qui vivent en terres démocratiques. Que des rétorsions soient appliquées à tout pays contrevenant à ces règles sans tenir compte de son potentiel de richesse, par une sorte d'ONU qui serait indépendante. Qu'enfin nous cessions de cautionner et d'alimenter l'ignorance et l'injustice par de basses manœuvres hypocrites. Dont la plus flagrante est la discrimination absolue, inhumaine, dont sont victimes plurimillémaires les Nègres dans les pays d'Islam arabes !!

A l'origine, le jihad n'était pas destiné à être pris à la lettre comme une véritable guerre imbécile mais faisait appel à une guerre dans leurs cœurs des musulmans, des hommes, contre eux-mêmes, contre tout penchant contraire à la sainteté, laquelle n'est ni plus ni moins que le respect des autres tels qu'ils ont gagné le droit au respect : l'humanité.

Les chefs de jihad actuels l'appliquent comme une guerre réelle contre quiconque n'est pas musulman. Parce-qu'en son temps, le Prophète a dû guerroyer -fatalement contre des non-musulmans !!-pour imposer l'Islam, ils s'imaginent que, pour lui ressembler et accéder au paradis, ils doivent, eux aussi, verser le sang de tout non-musulman.

Ils ont tort !!

La meilleure preuve -et ils le savent même s'ils évitent d'en parler à ceux qu'ils envoient au casse-pipe-est que le Prophète avait plusieurs concubines dont certaines ont refusé de renoncer à la chrétienté et au judaïsme et qu'il a gardées et aimées avec la plus grande tendresse.

Le Prophète a épousé Aïcha avant qu'elle fût nubile et les historiens, y compris arabes et musulmans, s'accordent maintenant sur le fait qu'il a eu des relations avec elle avant qu'elle ait dix ans. Les extrémistes se gardent bien de s'en prendre à eux puisque, jusqu'à présent, pour faire comme le Prophète, il est courant, dans les communautés musulmanes, que des adultes épousent de très jeunes filles prénubiles.

Maintenant, on appelle cela de la pédophilie. Et, pour rester dans les religions, la quasi-totalité des évêques irlandais est convoquée ce jour au Vatican pour évoquer les innombrables abus sexuels sur mineurs perpétrés par des hommes d'église, sus et tus depuis des dizaines d'années.

La différence, c'est que, chez les chrétiens, la pédophilie est un délit. Tout au moins officiellement. Tandis-que chez les musulmans, c'est honorer le prophète en agissant comme lui.

Ils ne mettent pas en doute sa nature humaine mais lui dénie toute imperfection en transformant celles-ci en autant d'exemples à suivre.

Le grand malentendu entre le Prophète et ses fanatiques est que ceux-ci sont persuadés qu'il faut tout faire comme le Prophète, lequel vivait il y a quinze siècles.

Ben Laden doit connaître des délices spirituelles sans égal en revivant l'épopée du Prophète dans ses montagnes. Ce doit lui être une puissante drogue.

Que le Coran soit un dogme vient tout compliquer pour les esprits fragiles. Cherche dans le dogme, tu trouveras entre les lignes qu'il n'y a de dogme nulle part. Comme dans tout propos intelligemment décrypté. Toute philosophie possède -forcément !!-en elle-même ses prolongements dans le futur. Car rassembler sans haine autour d'une idée est -forcément !!-progressiste.

Les chrétiens qui se flagellent au sang, se font crucifier à Pâques, commettent la même erreur stupide même si, eux, au moins, ne font de tort qu'à eux-mêmes.

Et le TPI (ou CPI, je m'y retrouverai jamais parce-ce que pour ce que j'ai à en dire, c'est pas la peine).

Monsieur Luis Moreno Ocampo -sympa d'avoir pris la peine d'écrire son nom comme il faut, non ??- semble très préoccupé par les fauteurs de troubles africains.

Bravo !!

Omar Béchir ?? Qu'il soit jugé à l'aune de ses nombreux et énormes crimes contre l'Humanité. Personne n'osera me porter contradiction pour ça, chiche ??

Monsieur Bemba ?? Qu'il réponde devant ce tribunal.

Les supposés criminels du génocide rwandais ?? Nous n'attendons que ça !!

Le capitaine guinéen Camara ?? Welcome !! Sauf empêchement mental dû au flingue de son assaillant.

Charles Taylor et Mister Johnson ?? Aussi.

Mais, dis, tu trouves pas que ce tribunal et Monsieur Moreno-Ocampo en veulent particulièrement aux plus faibles, spécialement noirs ?? Vieille rengaine. Et l'on me sortira du Milosevic, oublieux de Mladic. Et des Noirs me diront de leur foutre la paix, pas les faire davantage remarquer pour des assassins qui n'en valent pas la peine...

Parce-que des criminels dont on fait trainer les dossiers ou que l'on aide et accompagne jusqu'à ce qu'ils meurent dans une dignité qu'ils ne méritent pas, ce n'est pas, à proprement parler, en Afrique qu'on les trouve.

L'assassin de masses qu'est Béchir, esclave des Arabes et tant désireux de s'assimiler à eux, tout le monde voudrait qu'il soit, Monsieur Ocampo, jugé selon ses crimes par votre tribunal, ceci sans aucune condition.

Mais pourquoi vous acharnez-vous sur l'Afrique noire ??

Il serait bon et juste de savoir que Georges Bush fût appelé à comparaître devant vos tribunaux. Tout comme Tony Blair, lequel, accusé des mêmes créations de guerre, n'acomparu que devant, non pas un tribunal, mais une séance de tea chez lui.

Le criminel serbe Mladic qui refuse vos injonctions, fixant et décommandant ses audiences, n'est absolument pas traité comme vous le faites avec les Africains noirs !! Noirs parce-que Messieurs Ben Ali, Moubarak et même Khadafi –tiens, réactualisation in extremis : ce 24 février 2011, ils sont tous les trois en train de tomber comme des moustiques gavés de sang !! Retour à l'actualité réelle du paragraphe juste après le tiret fermant, OK-qui vient de déclarer persona non grata en Libye tout citoyen de l'espace Schengen, eux, ne sont absolument pas inquiétés. La Suisse allant jusqu'à lécher publiquement le sale cul de ce dernier !! Quelqu'un n'était pas au courant ??

Par contre, pour la tragédie atroce qu'a été le naufrage du Joola, vous exigez la comparution de personnes honorables telles Madame Boye, ex-Premier ministre du Sénégal, laissez-moi vous dire une bonne chose, Monsieur Ocampo :

J'ignore à la solde de qui vous êtes mais vous êtes, sans le moindre doute, un énorme salopard.

Ce qui s'est appelé "monde civilisé" n'est strictement rien d'autre que l'affirmation de ceux qui se proclament "grands peuples" : des masses d'amoindris, d'esprits faibles qui, sans l'excuse de la récompense alléchante, sans celle de la peur de l'inconnu, du châtiment ou de l'injustice, suivent aveuglément des chefs qui ne seraient personne sans ces masses fabuleuses à la disposition de leurs egos, et qui vont façonner l'Histoire à leur mesure en taillant à vastes andains dans ces troupes inépuisables... jusqu'à la bérézina finale. Je vous recommande juste de lire la déclaration adoptée par tous les États présents à la conférence de Berlin 1884, Allemagne, certes, mais aussi France, USA,United Kingdom, Turquie, Espagne, Portugal et, surtout, la petite Belgique, dont le roi Léopold II, absent à Berlin mais si bien représenté par son agent perso, l'explorateur et illustre menteur britannique Louis Morton Stanley, qu'il en sortit auréolé par tous les autres participants du titre de maitre accepté du Congo, ce qu'il transforma deux mois après en possession personnelle sans personne pour le contredire.

Un Napoléon ou un Hitler : même combat !!

Tous les grands esclavagistes, envahisseurs, oppresseurs, seraient les pires losers sans cette humaine manne trouffionne de grognards, SS et autres soldatesques incapables de vivre sans meneur, sans guide, sans Führer pour lesquels ils massacrent, torturent, pillent sans états d'âme... Leur conscience n'est-elle pas le chef ?? Ainsi, des cas pathologiques libérés de tout libre-arbitre, menés par des psychopathes, perpètrent les dernières abominations, noyés dans leurs propres masses. Voilà le socle du "monde civilisé".

Apprenez à être infiniment fiers d'être dans le camp des victimes, des persécutés, plutôt que dans celui des bourreaux et des assassins. C'est un legs inestimable que vous avez là. Une fois que vous l'aurez compris et accepté, vous ne baisserez plus jamais la tête !!

C'est l'unique gloire qui vaille.

Et vous accepterez l'autre avec empathie et sans haine.

Il ne s'agit pas d'une question de couleur.

Il s'agit de comportement. Car, à moins d'être jugé irresponsable par le groupe, chacun est tenu responsable de ses comportements. Or, certains comportements sont adoptés par certains groupes qui vont jusqu'à se dénommer pour revendiquer ces comportements.

Il sera bon de se souvenir de ce qui précède pour la compréhension de ce qui suit : il n'y est pas question de couleur de peau en tant que critère de strictement rien. Il y est question de comportements par rapport à une couleur de peau et de leurs explication.

Je ne suis pas plus fier d'être un Nègre que je ne le suis d'être un homme. Pas plus qu'une algue, un cancrelat ou un edelweiss n'ont de raison d'être fiers de ce qu'ils sont. Parce-que, comme moi eux, nous ne nous sommes faits. Nous sommes. Period.

Je ne suis pas engagé : je suis impliqué.

A cause du blanchiment ou de l'éradication systématiques de l'histoire nègre, je suis obligé de me référer à ceux dont la mémoire m'est plus accessible : des Sénégalais, puisque Sénégalais moi-même avant d'être Français. Ce n'est pas réduire les autres : ce sont les faits qui importent. Par-delà les individus.

L'histoire nègre agréée par l'Occident commençant avec Nelson Mandela et la suite en étant, à présent, à la portée de tous, il ne m'a pas paru significatif de tirer à la ligne en parlant de ce qui est actualité.

ALEXANDRE DUMAS

A l'issue de la représentation d'une de ses pièces à succès, Alexandre Dumas se fait apostropher, comme dans la tirade des nez de Rostand, par un confrère, rendu mesquin par la jalousie, qui avait parié avec d'autres amis qu'il allait lui dire son fait : qu'il n'était qu'un Nègre. Emporté par son... emportement, le bravache se dirige vers le groupe formé par le Maître et quelques admirateurs. Cependant, plus il s'approche, plus il flanche, Dumas ayant une réputation trop bien établie de redoutable bretteur. Si bien qu'il se retrouve lui, bafouillant d'un pauvre ton hésitant:

–Mais...enfin... Monsieur... vous, vous n'êtes pas blanc...

–C'est exact, répond du tic au tac l'auteur des *Trois mousquetaires*. Mon père était un mulâtre. Mon grand père était un Nègre. Mon arrière grand père était un singe. Ma génération commence là où la vôtre finit.

Brillante réplique qui fit rire l'auditoire mais ne l'empêcha pas de convoquer l'indélicat, le lendemain, sur le pré.

Il est piquant de constater qu'Alexandre Dumas fut le premier écrivain connu à s'être adjoint la coopération de "nègres". Et ces "nègres", dont le très romantique poète Gérard de Nerval et Auguste Maquet, étaient blancs.

Lorsqu'il entrait rejoindre ses amis dans un salon, Honoré de Balzac -lequel s'appelait en réalité Honoré Balzac-glissait aux entours "Ça sent le Nègre". Mais, plus avisé que l'autre, il le disait tout bas, quand Dumas était encore hors d'oreille.

Son père, le général Dumas -dont le nom figure sur l'Arc de Triomphe -et non celui du général Hugo, père de son grand ami Victor, ce qui lui valut une rancœur injuste de la part de celui-ci- était né en 1762, à Saint-Domingue, en Haïti, de Thomas Alexandre Davy, marquis de la Pailleterie et d'une esclave noire, Marie-Elisabeth Dumas.

Alexandre Dumas participe aux révolutions de 1930 et 1948. Ayant lié amitié avec Garibaldi en Sicile, il participe à sa victoire en lui faisant parvenir des armes. Celui-ci le nommera Directeur des Beaux-arts et il dirigera les fouilles de Pompéi.

Pour s'être fait photographier embrassant sa maîtresse, Adah Menken, assise sur ses genoux, en 1867, il est refusé à l'Académie française.

La vie d'Alexandre Dumas est aussi romanesque et passionnante que ses romans. Après l'échec de la République, il retrouve Hugo et d'autres anti-Napoléon III à Bruxelles. Plus tard, c'est lui qui accompagnera Hugo prendre son bateau pour l'exil à Guernesey.

L'épopée de Dumas en Italie est loin d'être exhaustive ici. Son père, le général Dumas, fut, lui-même, surnommé l'Horatius Coclès du Tyrol, par Napoléon Bonaparte, pour avoir défendu, seul, à Brixen, un pont contre un détachement de cavaliers. C'est lui qui battit le général autrichien Würmser à Mantoue, pour le compte du même Napoléon 1er qui le trahit en rétablissant l'esclavage. Comme il trahit Toussaint Louverture :

Ma France de 2010 reste frileuse, trop frileuse : elle en souffrira.

En 2002, La France décide, enfin, de son entrée au Panthéon. Hugo y est allé tout droit, à l'issue de funérailles nationales. Dumas est cité par le très discriminant dictionnaire universel Larousse 1948 comme "le romancier et l'auteur dramatique le plus populaire de son temps".

Son temps était celui d'Hugo.

La France bien pensante se félicite de l'entrée au Panthéon du "premier" Noir, déjà oublieuse -ou plus simplement méconnaissante ??-de Félix Éboué, cet administrateur guadeloupéen, gouverneur des colonies d'Afrique équatoriale, sans l'engagement duquel auprès du général De Gaulle, nous parlerions allemand et notre néo-Laval d'"identité" aryenne.

MONSIEUR DE SAINT-GEORGES

En 2001, à la demande d'une association de ressortissants d'Outre-Mer, la rue Richepanse, dans le 1er arrondissement parisien est rebaptisée rue du Chevalier de Saint-Georges (orthographié : Saint-George sur les plaques pour des raisons qui m'échappent).

Joseph de Bologne de Saint-Georges naît le 25 décembre 1739, fils de Georges de Bologne de Saint-Georges, planteur dans la commune du Baillif, en Guadeloupe, et d'une esclave de dix-sept ans, Anne, née au Lamantin de parents kidnappés en Afrique.

Il arrive à Paris à l'âge de dix ans, avec sa mère, affectueusement surnommée Nanon, avec l'accord de l'épouse légitime de Georges de Bologne de Saint-Georges. Il grandit dans le quartier -déjà-chic de Saint-Germain des Prés. Lorsqu'il atteint dix-sept ans, son père lui achète l'office d'écuyer, conseiller du Roy, contrôleur ordinaire des guerres. Il l'exercera onze ans. En mourant, son père lui lègue 50 000 livres et 3000 à sa mère qui vivait avec son père, l'épouse de celui-ci, Elisabeth Mérican et le fils de celle-ci, son demi-frère, comme on dit dans ces contrées trop intellectuellement barbares.

Saint-Georges est déjà maître dans l'art de l'escrime et une figure germanopratine. Il pratique, avec une supériorité déconcertante, toutes les disciplines artistiques et sportives des jeunes aristos. La pratique de l'épée est alors réservée aux nobles blancs mais le Code noir dispose, dans son article 49, que "les affranchis ont les mêmes droits, privilèges et immunités que ceux dont jouissent les personnes nées libres".

De fait, Pierre Bardin, biographe de Saint-Georges, communique que plus d'un Parisien, esclave affranchi, se fait place au soleil. Ainsi, André Lucidor, Martiniquais affranchi en 1750, devient maître d'armes à Ménilmontant, épouse une femme blanche qui lui donne progéniture malgré l'interdiction officielle des mariages interraciaux. Ce cas est loin d'être unique.

Excellent dans l'épéisme, le tir à l'arc, le tir au pistolet, la natation et la danse, Saint-Georges court Paris en cabriolet à cheval, cadeau de son père pour ses dix-neuf ans. Il a une maîtrise parfaite du violon et du clavecin.

Lorsqu'il est question de nommer Saint-Georges directeur de l'Opéra, l'académie royale de musique, celui-ci est soutenu, entre autres, par le financier et futur ministre Jacques Necker. Lors, deux chanteuses, Sophie Arnould, Rosalie Levasseur et la première danseuse, Marie-Madeleine Guimard, font parvenir à Marie-Antoinette une doléance selon laquelle leur rang ne leur permettait pas de se soumettre à un mulâtre.

Saint-Georges est récusé.

Louis XVI, très appréciateur de sa musique et de la classe de cet étrange "étranger", trouvant injuste le boycott de Saint-Georges qui lui est le meilleur candidat, se solidarise avec lui en s'abstenant de nommer aucun candidat.

Vers la fin des années 1770, Saint-Georges est fréquemment invité à Versailles par la Reine à laquelle il apprend à jouer du clavecin.

Le 9 avril 1787, Saint-Georges dispute à Londres, devant le Prince de Galles, un combat d'escrime avec le Chevalier d'Éon habillé en femme. Gabriel Banat -un parmi les biographes de Saint-Georges à 99% censurés-auteur de *The Chevalier de Saint-Georges : Virtuoso of the Sword and the Bow*, rapporte que Saint-Georges remporta l'assaut. D'autres sources aussi. Mais, gagnant ou pas, c'était un énorme moment avec cet extraordinaire personnageque fut le Chevalier d'Éon.

En 1789, à la Révolution, il s'engage dans la Garde civile. Il est capitaine l'année suivante. Connu pour ses liens avec l'Ancien Régime, il signe, désormais, ses œuvres musicales d'un simple "Georges".

Avec Clavière, Brissot,Mirabeau, Condorcet, l'abbé Grégoire, La Fayette, Dominique de la Rochefoucauld, Charles-Etienne de Loménie de Brienne et Olympe de Gouges, rédactrice de la Déclaration des droits de la Femme, Saint-Georges contribue à la création de la Société des Amis des Noirs.

En janvier 1790, à Londres, juste pour la petite histoire, laquelle pour petite qu'elle soit n'en est pas plus réelle que la grande, il met en fuite, seul, cinq agresseurs armés d'un pistolet et d'un gourdin, alors qu'il se rendait à un concert,son violon sous le bras.

Le 1er septembre 1791, une délégation de Noirs demande à l'Assemblée nationale le droit de combattre pour la défense des idéaux de la Révolution. Une troupe de 800 hommes d'infanterie et de 200 cavaliers est créée avec, à sa tête, Saint-Georges, devenu chef de brigade avec le grade de colonel. Voici née la Légion Saint-Georges. L'un des chefs d'escadrons de cette compagnie deviendra célèbre. Son nom est inscrit au fronton de l'Arc de Triomphe : le général Dumas.

Saint-Georges et Dumas font échouer la tentative de coup d'état du général Dumouriez, lequel, tombé en disgrâce après sa lamentable défaite à la bataille de Neerwinden, le 18 mars 1793, avait tenté de rétablir la monarchie.

L'esclavage est aboli le 4 février 1794, 16 pluviôse, an II.

Saint-Georges meurt le 10 juin 1799 à Paris.

Sous l'impulsion de l'impératrice Joséphine dont la famille tient sa richesse de l'exploitation négrière aux Antilles, Bonaparte rétablit l'esclavage -quelle affreuse horreur, n'est-il pas !!-parla loi du 20 mai 1802.

Saint-Georges est mort depuis trois ans.

Le 28 mai 1802, les "Guadeloupéens libres" se révoltent avec Louis Delgrès à leur tête.

Ils seront battus.

Louis Delgrès et ses partisans choisissent de se suicider.

De rage, 4000 innocents seront massacrés par le général Richepanse, par pure cruauté imbécile, parce-qu'il n'aura pas eu Delgrès et ses lieutenants qui avaient osé entamer la révolte contre l'Empire.

Richepanse était couvert par la certitude de l'impunité puisque...

...en 1802, Napoléon Bonaparte ordonne la destruction de toute l'œuvre du Chevalier de Saint-Georges.

Vous l'aviez appris à l'école, vous qui lisez, vous qui transmettez ??

De Saint-Georges, Mozart, qui le rencontrait à Versailles, disait : "Il est l'unique musicien que j'admire".

Il y a dix ans, personne en France ne savait qui il était.

Aujourd'hui ??

JEAN-BAPTISTE BELLEY-MARS

Ce chapitre, je suis obligé de le particulariser car le concerné fut immense, vous l'allez voir et, surtout, totalement occulté par la farouche volonté de la France et de l'Occident à coûte que coûte blanchir, sinon éradiquer quiconque, non-Blanc, grandit la France et l'Occident blancs.

Jean-Baptiste Belley est né en 1747 à Gorée, au Sénégal, d'où il fut kidnappé deux ans après et emporté à Saint-Domingue où il fut esclavagisé sous ce nom.

Premier député noir -dont l'Histoire a gardé trace même s'il faut creuser profond pour la trouver-à l'Assemblée nationale française à Paris, longtemps avant Blaise Diagne que les plus intéressés par l'Histoire réelle s'obstinent à proclamer premier député noir à l'Assemblée nationale française. Plus d'un siècle après Jean-Baptiste Belley.

Comme beaucoup de Noirs de Saint-Domingue -l'histoire qu'il faut aller chercher dit 500, je serai tenté de penser au moins 5000, l'Histoire, à propos de l'Afrique, ment systématiquement-Jean-Baptiste Belley se porte volontaire pour participer à la guerre d'indépendance des États-Unis d'Amérique.

En 1777, son courage lui vaudra, à la campagne de Savannah, le surnom de Mars, dieu de la Guerre, qu'ont gardé ses descendants antillais.

Il y gagne aussi la liberté, en tant que Nègre en temps d'esclavage-période dont, du reste, nous ne sommes pas loin dans les faits au 14 janvier 2010-pour son courage, et non, contrairement aux insanes affirmations de Wikipédia, pour l'avoir achetée avec ses "économies".

Capitaine d'infanterie lorsque la Convention accorde aux Colonies d'élire leurs représentants, il est élu en 1793 à la Convention. Il y restera l'unique représentant noir jusqu'en 1797,

Lorsqu'il arrive à l'Assemblée nationale, le président -un peu beaucoup poussé par l'humeur ambiante : regardez le portrait par Girodet et vous comprendrez- lui donne l'accolade sous les acclamations.

Le lendemain, 04 février 1794, l'abolition de l'esclavage est votée à l'unanimité des parlementaires, debout, ovationnant cet homme tout noir, si plus évidemment "français" -c'est à dire "admirable"-que leurs parents, voisins et bonnes femmes.

Jean-Baptiste Belley-Mars est resté fidèle à l'esprit de la République jusqu'à ce qu'arrive Napoléon, lequel, en pire parmi les pires salopards de l'Histoire, rétablit l'esclavage.

Quoi ??

Ce n'est que la stricte vérité !!

En 1802, alors qu'il se trouve à Saint-Domingue, Napoléon rétablit l'esclavage et décrète que tous les officiers noirs ayant atteint un grade supérieur à celui de capitaine devront être rétrogradés. Belley se révolte comme bien d'autres Noirs dont l'histoire a été blanchie. Arrêté, il est embastillé à Belle-Île-en-Mer où il sera assassiné, d'une manière ou d'une autre, en 1805.

Le général Dumas, surnommé par Napoléon himself

-l'"Horatius Coclès du Tyrol",

-auquel Napoléon confia le commandement de son infanterie lors de la campagne d'Égypte où l'histoire rapporte que le général terrorisa Turcs et Arabes

-que Napoléon nomma gouverneur en Italie

fut dégradé.

On peut voir le portrait de Jean-Baptiste Belley -lequel devait s'appeler Saakura Mbarka Ndiaye comme toulmonde à la naissance, si ça se trouve- portrait reconnu comme une merveille artistique par tous les connaisseurs habilités depuis trois siècles-peint par Anne-Louis Girodet, au Musée national du Château de Versailles.

Peint en 1797, ce tableau, de 1,60m sur 1,10m, était, à l'origine, intitulé "Portrait de Nègre" .

Jean-Baptiste Belley, ce tout premier représentant nègre connu qui fut digne en terre hostile -quoi encore ?? La France reste toujours largement terre hostile pour les Français noirs ce 14 janvier 2010- lui, n'a pas de rue qui porte son nom à Paris. Encore moins à

Gorée ou Dakar où l'on ne sait même pas qu'il a existé. Il n'a pas de station de métro, pas de place ni aucun souvenir pérenne.

GASTON MONNERVILLE

(02/01/1897 à Cayenne -07/11/1991 à Paris)

-Membre du barreau de Toulouse en 1918, à 21 ans

-Député de 1932 à 1946

-Secrétaire d'État aux Colonies en 1937 et 38 dans les cabinets de

Camille Chautemps

-Sénateur en 1946.

-Président du Sénat l'année suivante sans interruption jusqu'en 1968,

soit vingt-et-un ans.

-Président du Conseil général du Lot de 1951 à 1971

-Maire de Saint-Céré, Lot, de 1964 à 1971

-A fermé le bagne de Cayenne, célèbre de funeste mémoire. Le

capitaine Dreyfus y passa six ans avant que son innocence soit reconnue et qu'il fut réhabilité

-A obtenu le statut de départements -et non plus de colonies-pour la

Guadeloupe, la Martinique, la Guyane et la Réunion

Voilà un personnage dont l'histoire ne me semble pas remonter à

l'Antiquité.

En 1940, Gaston Monnerville ne put voter contre les pleins pouvoirs à Pétain, empêché de se rendre à Vichy à cause de la couleur de sa peau. Il s'engagea dans le réseau de résistance "Combat" où il finit la guerre avec le grade de commandant.

En 1941, il réussit à atteindre Vichy où il fut le premier à protester auprès du Maréchal contre "les mesures discriminatoires qui frappaient les Juifs, les Arabes et les Noirs"

Devenu président du Sénat en 1959 et, donc, second personnage de l'État, il était celui qui devenait président de la République par intérim en cas de vacance du pouvoir, et chargé d'organiser les élections dans les trois mois.

Le général De Gaulle, qui avait une idée de la France qui incluait que les Nègres -il n'appelait jamais autrement les Noirs en privé, selon son ministre et biographe Alain Peyrefitte, peu suspect d'antigaullisme- restassent à une certaine place.

En 1962, aucun homme politique, d'alors ou actuel, n'ignore que le référendum fut organisé, non pour le suffrage universel, motif officiellement invoqué, mais pour empêcher Monnerville d'accéder à la magistrature de la France. Ce qui se serait, sans nul doute, passé avec les grands électeurs. Ceci ne relève d'aucun délire. Pourquoi croyez-vous que des électeurs français bien blancs aient élu cet homme brillant et sans complexe aux plus hautes fonctions des décennies durant sans discontinuer ?? Un numéro spécial de la revue Historia, titré "De Gaulle –Monnerville : le duel" conclut : "...cet homme, n'eut-il été noir, aurait été président de la République." De Gaulle n'a donc rien fait pour le progrès de la France, il a simplement estimé et imposé qu'il était indécent qu'un Noir fût président de la France.

De Gaulle détestait Monnerville, nonobstant la participation active de celui-ci à son retour aux affaires en 1958. Monnerville le lui rendait bien. Leurs rapports se limitaient à ce genre d'enfantillages : "Monsieur le Président du Sénat, mes fonctions m'obligent à vous soumettre...", "Monsieur le Président de la République, mes fonctions m'obligent à ratifier..."

Le 9 octobre 1962, au congrès du parti radical socialiste, Monnerville déclara, à propos du projet de référendum : "La Constitution est violée. Le peuple est abusé. Ce n'est pas une république qu'on nous propose. Tout au plus, un bonapartisme éclairé". Il accusa De Gaulle de forfaiture. Le terme a, depuis, fait florès en politique avec le succès que l'on sait, sans que personne ne s'avise de rappeler cet épisode. Tout comme aujourd'hui, 24 février 2011, alors que Khadafi est en train de suivre les traces de Ben Ali et Moubarak, tyrans pétroliers récemment chassés par des révolutions populaires, soutenus par la France jusqu'à leur chute où elle s'est empressée de les renier et d'être la risée du monde, toutes les personnalités de premier plan s'abstiennent prudemment de rappeler qu'elles s'en étaient prises à la secrétaire d'État aux Droits de l'Homme d'alors pour avoir déclaré, lorsque Khadafi plantait sa tente à l'Élysée, que la France n'est pas un tapis où les dictateurs viennent s'essuyer les pieds, ce qui lui avait valu son secrétariat d'État auprès du ministre des Affaires étrangères. Il est des silences de gauche qui font plus honte que les vociférations des leaders de droite.

Gaston Monnerville est mort à Paris en 1991. Dans le plus assourdissant silence des média et des autorités.

Le 4 septembre 2008, France Inter, dans son édition de 13h, réussit l'exploit de consacrer la quasi totalité des soixante minutes à la mise en place par De Gaulle de la Vème République sans prononcer une seule fois le nom de Gaston Monnerville.

Chapeau !!

De Gaulle fut peut-être un héros pour la France -encore que je vois mal en quoi consiste l'héroïsme à enjamber la Manche pour aller donner des consignes bien à l'abri pour revenir défiler en tête lorsque tout danger est écarté. Jean Moulin est un incontestable héros-mais certainement pas pour l'Afrique, laquelle, elle, a été d'un héroïsme indiscutable pour l'HONNEUR de la France, comme ils aiment à quatorzejuiller.

Quand, je vois des avenues du général De Gaulle dans toutes les capitales d'Afrique francophone, j'ai honte.

Insulté de ce que Sékou Touré ait osé faire voter non et choisi l'indépendance pour la Guinée. Les fonctionnaires français reçurent l'ordre de quitter la Guinée immédiatement en emportant jusqu'aux ampoules électriques.

En 1962, aucun homme politique, d'alors ou actuel, n'ignore que le référendum sur le suffrage universel fut organisé, non pour les motifs officiels invoqués, mais pour empêcher Monnerville, immense orateur, à l'instar de Césaire au Palis Bourbon d'accéder à la suprême magistrature. Ce qui se serait passé sans nul doute avec les grands électeurs. Ceci ne relève d'aucun délire. Pourquoi croyez-vous que des électeurs français blancs aient élu cet homme brillant et sans complexe aux plus hautes fonctions des décennies durant sans discontinuer ?? Un numéro spécial de la revue Historia, titré "De Gaulle-Monnerville : le duel" conclut : "...cet homme, n'eut-il été noir, aurait été président de la République."

De Gaulle détestait Monnerville, lequel le lui rendait bien. Leurs rapports se limitaient à ce genre de courrier puéril : "Monsieur le président du Sénat, mes fonctions m'obligent à vous soumettre...", "Monsieur le président de la République, mes fonctions m'obligent à ratifier..."

Le 9 octobre 1962, au congrès radical socialiste, Monnerville déclara, à propos du projet de référendum : "La Constitution est violée. Le peuple est abusé. Ce n'est pas une république qu'on nous propose. Tout au plus, un bonapartisme éclairé". Il accusa De Gaulle de forfaiture. Le terme a, depuis, fait florès en politique avec le succès que l'on sait, sans que personne ne s'avise de rappeler cet épisode. Il est des silences de gauche qui me font plus honte que les vociférations des leaders de droite.

A ce propos, je ne voterai pas aux Européennes de juin 2009. Ni à aucune autre élection avant que ma condition ne change de manière significative. Je ne vois pas pourquoi un Noir continuerait de voter à gauche alors même que les partis de gauche ne mettent jamais en position respectablement éligible aucun Noir. Aux US, c'est un président de droite qui a nommé, à chacun de ses mandats un homme, puis une femme, noirs tous les deux, à la fonction de Secrétaire d'État, équivalent du ministre des Affaires étrangères en France. Et puisqu'il n'est pas question que je vote à droite, je m'abstiens. Désormais, ça sera du fifty-fifty, Jerry.

Et j'appelle tous les Africains français dont le cœur bat à gauche à ne plus voter ou à voter blanc tant que les partis de gauche ne feront rien pour nous rendre visibles au top. Et non seulement à s'abstenir de voter mais SURTOUT à le faire savoir autour d'eux. Au risque que la droite passe et repasse ?? Rien à foutre !! C'est très important. Des colifichets Yamgnane ou Bambuck : râlbol !! Nous voulons des vrais postes de décision et que l'on s'habitue à ce que l'on dise Merde. Que tous les Antillais et tous les Français noirs métropolitains s'abstiennent de voter....... et ils vont compter. On n'obtient que des miettes à vouloir CRANer. On obtient ce qu'on veut raisonnablement en l'imposant et non pas en restant raisonnables. On obtient son dû en osant le réclamer sans fioritures. En l'arrachant sans compromis. Period.

En 1944, De Gaulle décréta qu'il était "indécent" que les soldats venus des colonies défilassent sur les Champs. Ceux-ci, qui s'en foutaient royalement, tout pressés de regagner leurs foyers, contents d'être sortis d'une guerre dont ils ne comprenaient ni l'alpha ni l'oméga, furent regroupés dans un camp militaire, Thiaroye, dans la banlieue de Dakar, en attente de toucher leurs soldes dans les plus brefs délais et d'être rapatriés dans leurs pays respectifs. Au bout de plusieurs promesses non tenues, les tirailleurs, qui s'inquiétaient de ce que leurs familles ignoraient tout de leur sort, menacèrent de se mutiner s'ils n'avaient pas leurs soldes au lendemain. Ils furent massacrés à coups de mitraillettes pendant leur sommeil. Cela s'est passé en 1944. Voilà un sujet dont j'aimerais que l'on parle un peu, à côté de l'Holocauste et des gégènes algériennes !! Plein de témoins sont encore vivants.

Ousmane Sembène, cinéaste africain rebelle, en a fait un film, *Camp Thiaroye*, qui a connu le sort de ce genre de films : oublié, ignoré des distributeurs.

Gaston Monnerville est mort à Paris, en 1991. Dans le plus assourdissant silence des médias et des autorités.

Quand, je vois des avenues du général De Gaulle dans toutes les capitales d'Afrique francophone, j'ai honte, disais-je plus haut. Toute bêtise humaine me fait honte, telle la sortie de Madame la ministre, digne fille de sa mère, jugée par encore plus inaptes qu'elle capable d'occuper un ministère des Départements d'Outre-mer, et qui sort tranquillement que ça lui ferait mal au seins de partager l'argent mis à la disposition de son ministère avec les autres départements d'Outre-mer, en les citant l'un après l'autre... Nous sommes le 17 février 2010. Très proches des élections régionales.

Il est vrai qu'elle a eu cette planque pour avoir été la fille de Lucette Michaux-Chevry, laquelle, ministre croupion de circonstance de Jacques Chirac, avait également été ce qu'il était attendu d'elle : juste folklorique.

Je laisse l'éboueur de l'Élysée se dépatouiller avec tout ça puisqu'aussi bien jamais on n'avait eu en France un Premier ministre qui se soit abdiqué à ce point. Au point d'être un ectoplasme, le pauvre.

Aujourd'hui, lundi 22 mars 2010, recomposition -faut pas dire "remaniement"-du gouvernement de l'autiste qui, en loser né, place ceux de son bord qu'il méprisait hier encore, persuadé d'être plus fute que les autres en nommant systématiquement des socialistes à des postes ô combien convoités par ceux de son camp. La stupidité a rarement atteint ces sommets !! Le pire serait que cet individu me fasse pitié pour son incompétence et sa stupidité dès ses débuts au sommet. Il est encore raisonnable d'espérer que je n'en arriverai pas là.

J'oubliais de dire qu'hier était le deuxième tour des élections régionales en France -encore-largement remportées par la Gauche. Pas grâce à moi : je n'ai pas voté.

J'en ai fait une affaire personnelle. Les Noirs français considèrent massivement que la gauche est leur famille naturelle. C'est historiquement compréhensible.

Pour ma part, et j'invite tous les citoyens français et européens noirs à s'abstenir de voter -puisqu'il n'est quand même pas question de voter pour la droite, laquelle, quoique quiconque en dise, défend les privilèges des nantis....... voir paquet fiscal et autres avantages impensables aux riches en période de crise, et dont j'ai vraiment marre de parler tellement qui ne le voit pas n'a pas envie de le voir-PS, celui-ci ayant toujours profité de nos voix sans jamais leur répondre. Il n'est plus admissible que des marionnettes lamentables soient placés comme alibis-croupions aux ministères invisibles. Désormais, votez massivement -à gauche-chaque fois qu'il y aura un Noir crédible -je répète : un Noir-à un poste éligible de qualité. Abstenez-vous chaque fois qu'il s'agira d'un pantin, ou quand il n'y en aura pas. Même pour les plus petites élections. Et surtout pas pour la gueule d'Harlem Désir, invisible numéro 2 du PS de Martine Aubry, qui, avec sa retenue et ses cravates, est devenu pitoyable en tant que l'opposé de celui qui nous avait fait aimer nos potes et les défendre mieux qu'en Allemagne, l'"*Atomkraft ? Nein Danke*" du tout début des années 80.

Et je vais repartir dans mes contretemps -j'en suis désolé : je ne capte pas le temps, j'écris actuellement en fonction de celui que me donnent les éditeurs qui, tous, me refusent en ce moment-parce-que, ce 8 mars 2011, cette femme-menhir, nouvelle patronne du fascisme avéré, ayant été, à deux reprises en trois jours, créditée par un organisme de sondages, de plus de voix au premier tour que tous les autres candidats éligibles de quelque bord, Mr Bonsaï étant, dans tous les cas de figure, exclu, il semble qu'il y ait mouvance dans le panier de crabes : je m'en réjouis.

Cette phrase était bien trop longue, ce soir... Il faut me pardonner. J'écris ce truc que vous avez entre les mains depuis trois ans en ayant été sûr que vous l'auriez en mains depuis la première fois que j'ai cru en avoir terminé.

D'un autre côté, il n'est pas désagréable d'avoir l'opportunité de revenir sur des situations actuelles, selon le moment où.

Avec le discours au-dessus, je veux expliquer à mon lecteur que s'il y a des sauts de date tout le temps, c'est que cet ouvrage reflète mon style, lequel correspond très bien avec ma manière de vous faire passer de l'âne au coq sans que vous y soyez préparé : c'est que je ne le suis pas non plus.

Samedi 20 mars 2010.

Dimanche dernier, la Gauche a ridicoculisé -j'emprunte le joli mot à M. Courteline- l'UMP présidentielle. Tout porte à croire que les votants sanctionneront encore plus fort, demain, ce qui n'est plus une majorité populaire.

J'en suis ravi.

L'inverse ne m'aurait fait ni chaud ni froid.

J'en suis ravi parce-que, lorsque je vote, c'est à gauche et, généralement, pour le Parti socialiste.

Pour la première fois, je n'ai pas voté.

Je ne voterai pas plus demain.

Je n'accepte plus que la Gauche comptabilise naturellement les voix des Nègres français comme naturellement acquises sans jamais en mettre aucun à une position visible et naturellement éligible dans un scrutin important.

Je trouve scandaleux et inadmissible que, lorsque sous les gouvernements de gauche, des crétins consommés servaient d'alibis dans des ministères fantômes, ce soit, aux USA, un George Bush qui rende visibles à des vrais postes de décision des Africains américains. En France, un Nicolas Sarkozy qui, même s'il s'en mord les doigts et ne sait plus comment s'en débarrasser, nomme à un ministère des droits de l'homme une jeune femme noire qui ne se laisse pas bâillonner et devient la personnalité préférée des Français.

C'est bien lui qui avait juré que discrimination positive il y aurait. C'est bien lui qui avalise l'idée d'identité nationale aux funestes relents hitlériens... sans toutefois l'endosser puisque, hélas, sa judéité, quoique bien tue, niée, ne lui permet pas de se mettre en avant. Il se contente de pousser ses pions, le nazillardon à l'Intérieur, celui-là même qui disait à M. Begag "Casse-toi!!" chaque fois qu'il le rencontrait, selon les aveux de ce dernier qui est quand même resté croupion jusqu'au bout avant de dénoncer-c'est pas bien !!

Surtout, le bonsaï-président peut compter sur l'entière déférence d'un ministre de l'"Immigration et de l'Identité nationale" lequel, à quelques jours de l'élection présidentielle 2007, était un membre éminent de l'équipe socialiste rivale. J'ai été content de constater que lorsque je l'ai appelé "Laval" dans un comm sur Rue89, les dirigeants socialistes ont repris l'expression pour le désigner. J'ai ma fierté.

Tôt ou tard -et il vaut mieux tôt que tard-la discrimination positive se fera. Parce-qu'il ne peut pas en aller autrement. Parce-que dans cette France outrageusement conservatrice, à droite comme à gauche, où revendiquer et défendre un supposé prestige national à force de mensonges et de trucages rassemble tout l'éventail de ceux qui sont censés réfléchir et guider, il ne peut en être autrement. On n'a plus affaire à des tirailleurs sénégalais ignorant qu'ils servaient de chair à canon et, au contraire, fiers de servir la France parce-que se croyant Français puisque les textes le leur disaient.

Tôt ou tard -et il vaut mieux tôt que tard-la discrimination positive sera l'unique issue parce-que les Noirs d'à présent sont des Français à 100% qui ne se laissent pas marcher sur les pieds, qui n'acceptent plus d'être maltraités par des flics sans civisme ni déontologie, totalement ignorants du fait que la personne qu'ils arrêtent, si criminelle soit-elle, n'est pas leur ennemie personnelle et qu'ils lui doivent le respect comme à tout contrevenant., comme à toute personne.

Ils peuvent tenter de me tuer pour ça -au point où j'en suis.......-ça ne changera pas une virgule à l'évolution des choses : fifty-fifty Jerry baby !!

Ce que la loi ne décrétera pas, la violence l'arrachera. Elle est déjà là, et légitime, même si chacun essaie de refiler le bébé à son voisin.

Monsieur Soumaré a été le candidat socialiste à ces régionales à faire le score le plus élevé en métropole. Il avait été victime d'une tentative de dénigrement discriminante de la part de personnalités du plus haut rang à droite,tentative qui s'est retournée contre ses fomentateurs : fifty-fifty, baby !! Il n'y a quand même aucune personnalité de gauche à mettre en évidence cette envolée qui pourrait tellement mettre à l'aise les reclus de la République : c'est qu'à gauche aussi,on tente de grappiller du côté des voix du FN sans en avoir l'air, n'est-ce pas, Martine, Laurent, Dominique, et même Harlem Désir qui joue ce jeu dégueulasse qui tant déçoit les innombrables potes qui l'ont connu en 1981. Sans parler de Julien Dray, définitivement disqualifié aux yeux de tout le monde qui sait et qui fait. Et à ses propres yeux puisque lui, il sait qu'il profite.

Ce que la loi ne décrétera pas, la violence l'arrachera.

Bien sûr, ceux qui ont les canons, les CRS -avez-vous remarqué qu'aucun gouvernement de gauche n'a songé à dissoudre ce groupe anticonstitutionnel qu'on ne trouve nulle part ailleurs dans les démocraties ??-les tasers et autres armes encore plus létales -mortelles par accidents supposés mais sciemment sus et inclus-massacreront ceux qui n'ont que des cailloux ou, pire, la trouille.

Oui.

Mais alors on dénombrera les cadavres de Noirs et de bronzés. La page ne sera pas glorieuse pour la France -pas la première fois-et elle sera écrite forcément.

Qui en sera responsable ??

Les décideurs d'aujourd'hui, au premier rang desquels le président-bonsaï -c'est un parti pris, oui oui, mais il m'amuse- qui avait solennellement promis la discrimination positive et qui met en place un ministère de l'Immigration et de l'Identité nationale, lui qui, juif hongrois, dont les épouses sont tzigane et italienne, aurait, techniquement, tant pu faire pour que les différences s'effacent entre Français. Je dis "techniquement" parce-qu'autrement, il lui est naturellement impossible de faire intelligent. Pour ça, il faut de la matière grise et, non non, la matière grise n'a rien à voir avec le caviar, allez, couchez !!

Mais la Gauche la plus à gauche n'en sera pas plus exempte de responsabilité. À commencer, pour ma génération, par François Mitterrand qui promut des personnes soumises non représentatives des populations qu'elles sont censées représenter, des Yamgnane et autres Bambuck qui, pour un maroquin vide, contribuèrent puissamment à pérenniser cette idée du Nègre imbécile.

Quel trajet parcouru depuis avec le refus de Monsieur Thuram de se corrompre dans ce gouvernement de cire-pompes menés par un guignol fou !!

Or, je reviens à mon propos, décousu il est vrai.

Faudra vous y faire.

Se sentant gravement -personnellement-insulté de ce que Sékou Touré ait osé faire voter NON à la Communauté française et choisi l'indépendance pour la Guinée, De Gaulle fut pire qu'un Caligula, sauf qu'il était conscient de ce qu'il faisait et du pas de cas qu'il faisait des Noirs : les fonctionnaires français reçurent l'ordre de quitter la Guinée immédiatement en emportant jusqu'aux ampoules électriques.

Il est vrai que c'est la bande à Foccart qui faisait et défaisait les pouvoirs en Afrique, installant des assassins et des voleurs. La tradition en est tristement restée.

Il n'y a pas de corrompu sans corrupteur.

Je ne voterai pas aux Européennes de juin 2009. Ni à aucune autre élection, y compris en cas de risque de nouvel avril 2002. Pourquoi ?? Parce-que je ne vois pas pourquoi un Noir continuerait de voter à gauche alors même que les partis de gauche n'accordent pas plus le droit réel à la justice aux Noirs de France.

Aussi parce-que la France est un pays de cons hyper conservateur et qu'il ne sert à rien de remplacer des cons par des cons.

Aux US, c'est un président de droite dure revendiquée qui a nommé, à chacun de ses mandats un homme, puis une femme, noirs tous les deux et à forte personnalité, à la fonction de Secrétaire d'État.

Puisqu'il n'est pas question que je vote à droite, je m'abstiens.

Désormais, ça sera du fifty-fifty again, Jerry.

Je ne pourrais voter Dominique Strauss-Kahn, celui-ci ayant pactisé avec le diable en acceptant le FMI, donnant ainsi quitus à un président dont il connait parfaitement les tendances sécuritaro-fascistes puisque renonçant à son droit de critique. Cet homme n'est pas de gauche. Il est un danger pour la gauche française. C'est lui que les sondages proclament d'ores et déjà président depuis 2007.

Faut dire que le PS n'est pas très bien représenté jusqu'en ce 12 avril 2011. Entre celui ci-dessus et François Hollande qui part en campagne sans y croire, juste être au moins candidat battu, égaliser avec son ancienne compagne et rivale, piètre motivation entretenue à grands coups de régimes amaigrissants par un piètre décideur.

J'appelle tous les Africains français dont le cœur bat à gauche à ne plus voter ou à voter blanc tant que les partis de gauche ne feront rien pour nous rendre visibles au top. Et non seulement à s'abstenir de voter mais surtout à le faire savoir autour d'eux. Au risque que la droite passe et repasse ?? Rien à faire !! Que peuvent-ils nous faire de pire qu'ils n'aient déjà fait ??

Tant qu'il n'y aura pas de changement pour nous, pourquoi nous crèverions-nous le cul pour aller voter ??

C'est très important. Des colifichets Yamgnane ou Bambuck : ras-l'bol !!

Nous voulons des vrais postes de décision et que l'on s'habitue à ce que l'on dise Merde. Que tous les Français noirs métropolitains et des DOM s'abstiennent de voter... et ils vont compter.

On n'obtient que des miettes à vouloir CRANer.

On obtient ce qu'on veut raisonnablement en l'imposant et non pas en restant raisonnables. Je fais un clin d'œil complice à Hessel : indignez-vous !!

On obtient son dû en osant le réclamer sans fioritures. En l'arrachant sans compromis. Period.

Je n'arrête pas de lire dans les journaux des mauvais traitements infligés par la police française à des... Tiens, *Métro*, 19 mars 2010 :

En allant porter plainte pour agression le 15 juin 2009, Monsieur J. P. G. a été tant "maltraité"par les flics qu'il en a perdu 40% de son audition gauche. Les deux plaintes déposées par ce photographe de 28 ans, gardé "à vue" pendant 12 heures ont été rejetées. Dans les prochains jours, son avocat, etc...

Il serait temps que chaque parti politique se voulant respectable fasse pénitence des injustices qu'il tolère. Et tous en tolèrent. La plupart les encouragent.

M. G. n'est pas aussi bronzé que moi, sinon il aurait compris que point n'est besoin d'aller voir la police lorsqu'on a besoin d'elle en France sauf à s'appeler, des fois, Sarkozy, auquel cas, à la réflexion, on n'a pas non plus besoin d'aller les voir : ils sont là pour avaliser bassement que l'Arabe a forcément tort d'avoir eu un quelconque problème avec la moto du fils de.

C'est dire si la folie est présente aux deux principaux niveaux : celui du top et celui du bas : lorsqu'il s'agit d'accompagner le progrès, parce-que personne ne pourra nous maintenir dans cet état de non-justice systématique, la France, toutes gouvernances confondues, traîne les pieds, persuadée qu'avec sa grande gueule, elle réussira à convaincre ses victimes qu'elle leur était défenderesse. Mister Président fils est le top. Je suis le bas. Vous, Monsieur G., vous êtes juste trouvé au mauvais moment où je n'étais pas là, vous auriez été écouté ou, à tout le moins, non torturé puisque j'aurais été là pour prendre pour vous. Croyez-moi, M. G. : je sais absolument de quoi je parle.

Au moment où il est plus que jamais besoin d'éduquer la police, lui faire comprendre que l'uniforme ne signifie pas "pouvoir absolu" sur les personnes d'une différence visible mais respect à tous les justiciables parce-qu'ils ne sont pas des défouloirs mais, justement, des justiciables... comme toute personne.

Il est certainement bon de signaler que tous les policiers ayant existé au monde ont été immédiatement soumis aux ordres de qui les dirige. Aucun policier ou assimilén'a jamais fait le choix d'être contre sa congrégation de manière notable. Sauf à se tuer, ce qui est regrettable. Dès que l'on souhaite lucidement la mort de quelqu'un, quelle que soit la circonstance, c'est suspect, ça va dans le mauvais sens. Quand on arrive à souhaiter la mort de quelqu'un, c'est que ce quelqu'un a plus besoin d'aide que d'être tué. Cette règle est inviolable. Même si nos passions nous amènent parfois à l'enfreindre. Parce-que nous sommes humains, faillibles, tandis-que la loi, elle, qui peut décréter, ne devrait, en aucun cas, accorder le droit de tuer. D'ailleurs, ôter la vie est mathématiquement illogique : la règle universelle doit être de mettre hors d'état de nuire à eux-mêmes et à autrui ceux que l'on s'obstine à condamner à des indignités dégradantes pour eux et pour nous : ce ne sont pas des ennemis personnels de ceux qui les attrapent, de ceux qui les jugent, de ceux qui les gardent. Et il n'est pas nécessaire de les maltraiter une fois qu'ils sont mis hors d'état de nuire : c'est de la barbarie et de la lâcheté de s'acharner sur des personnes déjà privées de nocivité. Personnellement, je ne me sens pas confortable avec l'emprisonnement tel qu'il est appliqué partout. Et j'abomine la peine de mort pour quelque raison et sous quelque forme que ce soit : ce sont toujours ceux qui l'appliquent qui sont monstrueux.

J'ai reçu, ce jeudi 18 février 2010, mon n° 2363 du Nouvel Obs dans ma boîte à lettres et avais quitté l'ordi pour le lire tranquillement. Ai dû me relever et rallumer l'engin car c'en était trop pour mes pauvres lacrymales.

A ce point rejeter pèle-mêle l'itinéraire de l'homme admirable qui vous a appris l'amour de la France quoiqu'il en eut sué avant d'en obtenir la nationalité. A ce point ramener sa judéité à un déni absolu en faisant semblant d'ignorer que la conversion au catholicisme ou à toute autre religion n'empêche nullement de demeurer juif. Comme si, lèche-bottes reniant mes origines et désireux d'être reconnu blanc, je devenais effectivement blanc par adoption d'une quelconque philosophie, religieuse ou autre !!

Pitoyable !!

Pitoyable déjà quand on pense, à tort ou raison, y être contraint par la peur, laquelle est un excellent et tout à fait louable motif très souvent, quoiqu'on en dise. Toujours garder en tête cette phrase dont j'ignore l'auteur : "Le courage n'est que de l'inconscience tandis-que la lâcheté, elle, s'appuie sur de solides arguments" quelles qu'en soient les limites.

Exécrable lorsque, ayant accédé aux sommets d'où les décisions sont prises, lorsqu'ayant accaparé tous les leviers de la moindre décision, on cautionne ce qui est si terrible pour soi-même : un ministère de l'Immigration et de l'Identité nationale, un débat sur l'Islam...

Terriblement dérisoire et mesquin lorsqu'on chapeaute un débat sur l'identité nationale destiné à en faire baver d'autres fantômes de l'homme, cette admirable figure dont la sœur, la nièce de 13 ans et le beau-frère périrent dans des camps d'horreur, qui tant a souffert et tant vous a aimé et élevé dans l'amour de cette France salvatrice qu'il a dû courtiser fort avant d'y être admis en tant que membre.

Des fois, je regrette de n'avoir pas le pouvoir, sans aucun sentiment négatif, de déciller certains yeux égarés.

Il est vrai que j'ai la larme facile, ce n'est pas un secret. Mais là, je me sens triste, si triste pour tous les bienfaits, toute la bonté et la tolérance qu'une telle trajectoire aurait dû induire... Tellement las aussi...

What a terrible waste !!

FÉLIX ÉBOUÉ

Guyanais né à Cayenne, Adolphe Sylvestre Félix Eboué obtient une bourse d'études à 14 ans pour Bordeaux, puis Paris où il obtient son baccalauréat ès lettres. Il poursuit ses études, parallèlement, à la faculté de droit, d'où il sort licencié en 1908, et à l'École coloniale.

Administrateur adjoint, il est nommé en AEF (Afrique équatoriale française), à Madagascar en 1910, puis en Oubangui (actuel Centrafrique -quel drôle de nom!!)

Il mène une politique basée sur le respect des traditions locales et la concertation avec les autorités indigènes. A ce titre, il est nommé Chevalier de la Légion d'Honneur en 1927, sur proposition du ministre de l'Instruction publique.

Secrétaire général à la Martinique en 1933, puis au Soudan français (actuel Mali), Eboué est élevé au rang de gouverneur. Il est le premier Noir à atteindre ce grade. NB: Blaise Diagne avait déjà été ministre bien avant, mais un ministère n'est pas un grade de la fonction publique.

Il est nommé en Guadeloupe, puis au Tchad.

Le 18 juin 1940, au jour de l'appel de Londres, alors même que le général De Gaulle n'était qu'un illustre inconnu, ex-sous-secrétaire d'État à la Guerre du maréchal Pétain en rupture de ban et condamné à mort pour désertion, Félix Eboué se déclare partisan de la poursuite de la guerre. Le 26 juillet 1940, en présence de René Pléven, envoyé spécial du général De Gaulle, il prononce officiellement à Fort-Lamy (actuel Ndjaména) le ralliement du Tchad aux Forces françaises libres.

Le 15 octobre 1940, il reçoit De Gaulle qui le nomme gouverneur général de l'AEF et membre du Conseil de Défense de l'Empire, puis, le 29 janvier 1941, membre du Conseil de l'Ordre de la Libération.

Brazzaville devint la capitale de la France libre. Eh oui.

En vacances au Caire, Félix Eboué y meurt le 17 mars 1944.

Par la loi du 28 septembre 1948, la France ordonne que soient inhumés au Panthéon les restes du Premier résistant de la France d'Outre-Mer, cet Outre-Mer sans lequel il n'y aurait pas eu de Libération. Ce qui fut fait le vendredi 20 mai 1949, après une cérémonie à l'Arc de Triomphe et une veillée funèbre.

Contrairement à ce que l'on croit depuis 2002, lorsqu'on "découvrit" soudain qu'Alexandre Dumas était noir, Félix Eboué fut le premier Noir à entrer au Palais posthume de la montagne Sainte-Geneviève.

Cette inscription, sous sa statue, à Cayenne, est de la plume d'André Malraux :

"Étranger, va dire à Lacédémone que ceux qui
sont morts ici sont tombés sous sa loi.
Passant, va dire aux Enfants de notre Pays : De ce
qui fut le visage désespéré de la France, les yeux
de l'homme qui repose ici, n'ont jamais reflété
que les traits du courage et de la liberté."

C'est pompeusement con pour un plagiat et ne veut strictement rien dire. Désormais, lorsque vous passerez en métro à la station Félix Eboué, que vous traverserez la place Félix-Eboué pour rejoindre l'avenue Félix-Eboué, dans le 12ème, vous saurez pourquoi elles s'appellent ainsi.

Même si l'homme était un foutu Oncle Tom servile et méprisant vis à vis des autres Noirs, à l'encontre de l'autre Guyanais, Gaston Monnerville.

DIE SCHWARZE SCHANDE

A la fin de la Première guerre mondiale, la France envoya, pour occuper la rive gauche du Rhin, des troupes noires. Cela déclencha un tollé de protestations de la part de l'Allemagne qui estimait que la France voulait humilier la race blanche en faisant occuper des représentants de ladite par des peuples inférieurs.

Ces protestations déclenchèrent des défilés aux USA où le problème racial était toujours vivace, mais aussi en Scandinavie, en Australie, en... Argentine (??), ailleurs, et souleva l'indignation des féministes (??), lesquelles manifestèrent leur soutien massivement à leurs sœurs allemandes livrées à la bestialité du Nègre dont l'appétit sexuel, c'est connu, est en rapport exponentiellement opposé à l'étroitesse du cerveau.

La France finit par reculer et, bon gré mal gré, envoya des troupes "normales" auxquelles l'administration avait voulu accorder un repos mérité.

La "Honte noire" fut, pensa-t'on, jugulée.

L'Allemagne, elle, n'oublia pas. Et, dès le début de la Deuxième guerre, des milliers de prisonniers noirs furent torturés et fusillés en représailles.

Il ne semble pas qu'il fut fait mention de ces massacres lors du procès de Nuremberg.

NB : L'honnêteté veut que l'on rajoute que, lors des interminables procès de soldats noirs pour viols et agressions sexuelles, de nombreux Allemands, femmes et hommes blancs, vinrent spontanément témoigner de l'inexactitude de ces accusations, rendant hommage, au contraire, à la convivialité des soldats noirs.

Le Ponant qui, comme toujours, salit tout ce qu'il touche, n'arrête pas depuis des années, à travers des personnes formées pour, regroupées dans des ONG ou autres structures, d'exiger des femmes africaines comment foutre en l'air leur culture et leurs droits matrimoniaux en régulant le nombre de leurs enfants.

Africaines,

Femmes noires de partout,

N'arrêtez pas de faire des enfants !!!!!!!

Surtout pas, au contraire !!

C'est notre seule chance pour que l'Afrique demeure. L'avenir de l'Afrique, ce sont ses enfants, mieux soignés, mieux éduqués mais étant !!

Le problème démographique ne nous concerne pas. Chez nous, chaque enfant est une chance. Ma mère disait : "J'ai onze enfants vivants. Parmi eux, il y en aura bien au moins un dont je serai fière" quand je me montrais indiscipliné.

Le problème démographique est le leur, à eux qui calculent comme des machines à quel moment, après l'apparte, la bagnole, la promo et une période de profit de la vie sans chaînes, faire des enfants. A nous, chaque enfant désiré est une chance, un bonheur.

Protégez-vous contre les maladies, ça oui !! Mais n'arrêtez jamais de croire en votre légitimité à faire des enfants et à les aimer.

Ce sont eux qui ont tout pillé chez nous sans vergogne et qui nous foutent dans des charters lorsqu'ils ne nous laissent pas mourir noyés à leurs côtes, qu'ils ne nous assassinent pas comme en Égypte, Libye, Maroc en nous tirant comme garennes alors que, malgré notre dénuement, nous les traitons chez nous comme des hôtes de marque.

Faites des enfants et aimez-les comme seules les mères africaines savent aimer leurs enfants !!

Qu'ils cessent, eux, de faire des enfants. Puisqu'aussi bien la pollution et tous les malheurs futurs qui leur foutent les jetons ont été créés à tour de bras par leur rapacité !!

Notre problème à nous semble inextricable à un tout autre niveau :

Dans les prisons US, les Noirs sont en une telle majorité, y compris des mineurs condamnés à mort à des quatorze, quinze ans -et qui y sont depuis des vingt, vingt-cinq ans-que tout le monde sait que cette situation est due à la dureté du monde blanc américain contre tous les Noirs que la discrimination positive n'a pas aidés. Même un Obama doit être lucide avec : pour être efficace, je dois composer avec ma conscience pour, sinon tout régler, au moins améliorer le maximum. Et il l'a fait avec le changement du système médical américain qui laissait les pauvres à la porte des hôpitaux. Ces pauvres, à un pourcentage épouvantable sont des Noirs.

M. Sarkozy revient ce jour, 31 mars 2010, d'une visite aux USA qu'il attendait depuis longtemps. Croyez-vous qu'il va se préoccuper du sort fait aux Noirs et aux Arabes en France, laquelle a été un pays colonisateur, c'est à dire voleur vautour de tout ??

Chiche ??

Faut dire que la plupart des chefs d'État africains francophones ont souvent été, avant tout, des paillassons au service de la France. Ils se vengent en tuant et volant sans aucun problème de conscience. Et leurs collègues qui ne font pas pareil s'abstiennent, pour des raisons qui me sont closes, de se désolidariser d'eux.

Savez-vous à combien se monte -uniquement- la somme techniquement quantifiable des transferts illégaux d'argent d'Afrique noire de 1970 à 2008 : PRÈS DE 1 300 MILLIARDS DE DOLLARS !!

À vos souhaits !!

À part les jeunes, devenus nombreux nés en France et se vivant Français sans complexe ni complaisance, tous, Africains français de partout, en France, ont des comportements-réflexes dictés par le sentiment d'infériorité puissamment ancré par des siècles de chicotte intellectuelle. Ils ne peuvent s'empêcher de singer le Blanc-en-tant-que-bwana. La serviette et la cravate -cette affreuse bite molle qui voudrait affirmer : regardez comme j'en ai, et qui n'est supportable que lorsqu'elle est détournée par les femmes, lesquelles, seules, la rendent sexy-ne sont jamais loin chez ceux qui sont instruits et ceux qui savent taper sur un ballon. Pour les autres, balayeurs et cantonniers, modernes tirailleurs de ligne de front, l'invisibilité par-dessus tout !! Par la bonhomie, le large sourire sans autre raison que d'exprimer : je ne vaux pas la peine que vous vous préoccupiez de moi.

Il n'y a plus de littérature africaine. C'est un vide, un trou noir. Tout ce qui paraît est systématiquement lamentable. Ils s'auto-bâillonnent d'un côté tandis que de l'autre, les critiques occidentaux leur font les yeux doux pour la paix de leurs consciences car, eux, savent que l'Occident est le responsable unique de cette écriture-tirailleur "fais ce qu'il t'est permis". Alors ils écrivent l'Afrique telle que la veut l'Europe. Toute honte bue, ils se battent pour en être, coûte que coûte, en écrivant d'atroces "Je suis belge mais j'aime pas les frites" et, devant l'hypocrisie de l'éditeur qui a eu ce qu'il va faire vendre en ayant bonne conscience et celle du critique qui va l'encenser, il ne lui reste plus qu'à jouer le jeu. Il ne sera attaqué par personne puisque personne n'en veut. Il a juste été fabriqué pour se formater tout seul et donner l'impression d'une littérature africaine. Du coup, la dialectique "c'est votre incommensurable stupidité qui m'a plombé" reste un bouton jamais activé. Quand du talent est perdu pour quelque raison, il l'est pour tout le monde.

Mais vous êtes tous encore bien trop cons pour comprendre. Tant pis pour moi !!

À travers mon vitrage, les nuages blancs volettent paresseusement, semblables à de grands phylactères vides.

Les CRAN -avez-vous remarqué qu'ils n'ont rien trouvé de mieux pour se distinguer que d'adapter l'acronyme des juifs de France, le CRIF ??

Tout comme l'OUA est devenue UA, suivez mon regard....... puis s'est dotée d'une "Commission".

Comme la RTS sénégalaise, déjà émanation de la RTF, se métamorphosait en ORTS sitôt créé en France l'ORTF. Les exemples sont infinis...

Les CRAN, reprends-je, et autres associations communautaires sont encore pires que le mal qu'ils croient combattre. Ce n'est pas en singeant l'habit et en gardant la servilité qu'on fait bouger les choses. Pour cela, il faut savoir dire Merde !! haut et fort, taper sur la table, la quitter avec mépris vite fait bien fait à chaque occasion, refuser les décorations de merde -toute façon, ça se bouffe pas-et les invitations dans les salons. Et pas besoin de le faire à ma façon. On peut dire merde de plusieurs manières fortes : avec des mots choisis mais fermement, avec de l'ironie, même si tout compte fait, la meilleure manière reste encore de dire Merde !!

Haut et fort.

Voilà pourquoi rares sont ceux qui font autre chose que ce qu'on leur permet.

Rares sont ceux qui inspirent le respect. Car, enfin, il ne s'agit pas de vaincre des préjugés, ce qui est déjà reconnaître à l'autre le droit d'en avoir vis-à-vis de vous, ni de prouver quoi que ce soit : il s'agit de prendre, d'arracher sa place au soleil, ce à quoi toulmonde a droit tout comme est le mien d'homme, d'artiste et d'expert de la langue de m'amuser à la modeler, à la moderniser, à la cuisiner à mon goût.

Il avait tellement promu la discrimination positive que, malgré qu'il eût prouvé qu'il était un menteur pathologique patenté, plein, contre leur gré, ont fait de lui le président de l'Identité nationale... qui se la péte vis à vis des miens -toutes les minorités en douleur- celui qui, honteux de ses racines, laisse à d'autres, "mieux" français, le soin de d'être ses Goebbels....... tout comme celui-ci et son maître avaient lâché tout ce qui se rapportait à leurs propres caractéristiques dans le but de créer une race dont la population serait à l'inverse de ce qu'eux-mêmes sont : des Aryens blondissimes aux yeux bleus.

"L'humour des Anglais consiste à taper sur eux-mêmes. L'humour des Français consiste à taper sur les autres. C'est pas drôle. J'aimerais que les Français tapent sur eux-mêmes."

C'est François Cluzet qui le dit sur RTL.

Le visage de la France, c'est Thierry Roland.

Maintenant, il est de bon ton de parler de CV anonymes selon le choix du postulant. Ils appellent "ça" CV anonymes...

Et moi je dis : mon cul, oui !!

Rien n'a jamais été moins anonyme qu'un CV anonyme en France.

Pourquoi un Caucasien chercheur d'emploi en France irait-il refuser de mettre sa photo et déclarer qu'il s'appelle Joseph Dupont ou John Silverstone ?? Du coup, le recruteur n'a plus qu'à mettre de côté tous les CV "anonymes" suspects risquant de provenir du Malien Sotigué Magassouba ou du Ghanéen Bukuntah Zungwondjee.

Faudrait avoir les couilles d'affirmer carrément qu'on est du côté des recruteurs discriminants lorsqu'on propose de pareilles mesures !! Ou alors celui de reconnaître qu'on a été de parfaits imbéciles...

Pour que le CV anonyme ait une chance de fonctionner, si telle est réellement la volonté du législateur, il faudrait que tous les CV soient systématiquement anonymes. Final.

Discours de Dakar : Nicolas Sarkozy aurait dû être déclaré persona non grata illico, l'ambassadeur à Paris rappelé et les relations diplomatiques unilatéralement rompues pour provocation grave et outrage à l'Afrique.

Aimé Césaire, Africain français de la Martinique, disait que "l'Europe est comptable, devant la communauté humaine, du plus gros tas de cadavres de l'Histoire".

J'affirme que la France de 2011 reste le plus misérablement ségrégationniste de fait de toutes les nations ayant "colonisé" de par le monde. C'est à dire depuis l'Europe.

En plus de l'apartheid visible qui consiste à faire accepter que des gens auxquels on a tout pris lorsqu'ils vous avaient ouvert les bras soient devenus, en France, une catégorie désormais appelés "les sans-papiers", ce pays qui est le mien et vis à vis duquel je peux dire ce que je veux comme je le ressens : ce pays est un pays de merde. Où même les associatifs qui te donnent un coup de main te paternalisent à mort tant ça les fait se sentir bien.

Il y est perpétué, au jour le jour, le pire apartheid, le plus sournois : vas-y, tu peux sauter la femme blonde puisqu'on peut pas l'en empêcher, elle, mais, en revanche, les portes te seront, à tout jamais, à triple tour fermées pour accéder à un job potable, digne d'un homme, correspondant à tes qualifications et à ton potentiel. Tu balaieras et nettoieras nos chiottes pour les siècles de ce que tu sais....... Et si jamais, t'as bien léché, peut-être te mettra t'on dans un bureau. A condition que tu mettes cravate et portes serviette. Si tu sais en tous points redevenir singe, peut-être même t'accepterons-nous à notre table.

"Le progrès ne se mesure pas en quantité de sang versé mais en quantité de sangépargné"

Rien, dans l'Histoire, n'a jamais été dit pour l'humanité d'aussi vrai en des termes aussi puissamment compréhensibles à tous que ceux de Césaire ci dessus cités, par-delà mes délires propres...

Personne, dans l'Histoire, n'a jamais rien exprimé d'aussi puissamment vrai en des termes aussi dignes.

Aimé Césaire parlait à ses contradicteurs pour le maintien de la Martinique dans la France.

Aimé Césaire est un de ces fils de France qu'il arrange toute la classe politique d'ignorer, au-delà d'une retransmission de son hommage funèbre depuis Fort-de-France, sur le parvis de l'Hôtel de Ville de Paris.

Il n'avait pas d'audience à l'Assemblée. Faut comprendre : c'était qu'un Nègre, un Nègre qui disait "Je suis le Nègre qui vous dit merde". Pas comme le grand machin apparu de Londres. Césaire était forcément admiré mais, du coup, fortement détesté et donc précieusement ignoré. Il représentait ce que pouvait être le danger. Au moment du réel danger pour la métropole, il a tenu à ses compagnons et adversaires politiques d'outre-mer ce sacré discours que j'ai mis en exergue de ce chapitre, en gras.

L'Histoire est décidément conne......

Ou alors terriblement subtile.

Henri Salvador, énorme, formidable artiste africain français, a été un Oncle Tom au même titre qu'un autre géant de l'autre côté de l'Atlantique, Louis Armstrong. A cette différence près que Louis a toujours vécu dans une Amérique ségrégationniste par force de loi -on est pas tous des héros-alors que Salvador vivait en France où, seuls les artistes, parmi les Noirs, pouvaient à peu près, exercer leur commerce librement.

Sidney Bechet et Joséphine Baker avaient quitté les États-Unis pour s'installer en France. Ils s'y firent un nom même si la vie leur y fut loin d'être aussi rose qu'on le laisse croire.

Henri Salvador, jusqu'au dernier moment, alors même que son talent et sa reconnaissance en France n'étaient plus rétrogradables, en est resté au rôle d'Oncle Tom au grand rire servilement tonitruant.

Cette nuit, en sortant de mon immeuble où j'étais allé prendre l'argent chez moi pour payer le taxi qui m'attendait, je me fais cerner par une meute de flics qui m'enjoignent de souffler dans le ballon. Je leur réponds que je n'ai pas à le faire, n'étant pas en train de conduire et, de toute façon, ne disposant pas de permis de conduire, ni de bagnole. Une dame d'entre eux me rétorque que j'ai bu. Je perds patience et lui explique que bien sûr, j'ai bu, et je reboirai demain si tel est mon bon plaisir, et après-demain itou si ça me chante. Elle répète que je dois souffler dans le ballon. Mais, bon sang, puisque j'admets avoir bu, ce qui n'est pas interdit, raison pour laquelle j'ai sagement pris un taxi pour me reconduire chez moi au lieu du métro, qu'ils m'ont arrêté alors que je sortais de chez moi d'un pas normal, sans tanguer, pour payer mon taxi et que je ne représentais absolument aucun danger ni pour moi ni pour autrui !!

24h de garde à vue avec multiples soufflées dans le ballon, moi qui n'ait même pas de trottinette. Dans une cellule nauséabonde mais ça, j'ai l'habitude. Et selon l'habitude, je m'efforce de toucher au moins de choses possible, n'ayant jamais au plus grand jamais tenté de dormir dans une cellule. Ils me présentent le ballon entre de trop longs intervalles. Je tente de leur expliquer que s'ils m'avaient laissé rentrer chez moi, j'aurais déjà pris un repas substantiel avant de me coucher et été débarrassé de ce taux d'alcoolémie. Peine perdue. C'est illégal et injuste. Mais on est en France en 2010 et je suis Noir.

Plus tard, j'apprendrai que le nazi de l'Intérieur, selon les directives du sociopathe élyséen, les avaient obligé à faire du chiffre. D'où ce zèle. Sauf que si j'avais été blanc, ils y auraient regardé à deux fois et m'auraient relâché. Mais pourquoi ne rendent-ils pas leur tablier lorsque c'est nauséeux ?? Par revanche envers l'idée de ce qu'aurait pu être leurs vies, tu crois ??

La France est la pays le plus conservateur du monde. Il n'y a pas de différence significative entre Gauche et Droite sur les fondamentaux. Tous participent de la relecture incessante de l'histoire universelle visant à faire de la France le centre du monde. Tous participent de la crétinisation du Français qui est condamné à vivre en France ou à emporter la France avec lui où qu'il aille. Comme des œillères indispensables.

Petite parenthèse Thomas Jefferson.

Sally Hemmings, sa maîtresse et mère de ses enfants, était la demi-sœur de l'épouse légitime de Thomas Jefferson. Sa mère était une opprimée, une esclave. Thomas Jefferson ne répondit jamais aux critiques des journaux ni à ceux de ses adversaires concernant ce "scandale". Il lui fit nombre d'enfants qui donnèrent naissance à une multitude de descendants noirs de Thomas Jefferson, aujourd'hui reconnus comme tels par l'"autre" descendance.

Je ne puis dire que j'aime la France, n'en connaissant que Paris. Mais j'aime les Français lambda et suis heureux d'en être. J'aime mon Paris par-dessus tout autre lieu. Paris, à mes yeux, est entièrement mienne. Avec sa pollution, son trom surbondé aux pointes, ses salauds fachos fielleux qu'il me plait d'épingler au fond d'un troquet, ses troquets, justement, pleins aussi de Parisiens d'un tout autre ordre -les vrais : surmajorité, fêtards super cool qui, n'ayant pas trop de préjugés, minimisent ceux des moins nombreux plus visibles-ses Parisiennes, ses nuits, jusqu'à sa putasserie outrancière.

J'aime Paris comme on aime une très belle femme.

(Je finissais d'écrire ceci en 2011.De l'eau a, depuis, coulé sous les ponts et mes yeux se sont ouverts. J'y croyais sincèrement parce-que j'étais encore, comme tous les Noirs francophones, aliéné, émasculé de ma liberté spirituelle. Ce qui allait m'ouvrir les yeux ne s'était pas encore produit. Je n'avais pas, alors, épuisé ma sollicitude et recouvré ma lucidité. Mais rien n'a jamais été aussi erroné. *Cet ajout entre parenthèses date de 2014, ce qui précède et ce qui suit sont des originaux dont aucun éditeur français n'avait voulu*)

De Gaulle, ce héros...

"Les Français de souche n'ont pas pris une place prépondérante dans la guerre" déclarait De Gaulle en juillet 1944.

En août, les vrais gagnants de la guerre, les Noirs d'Afrique désormais connus sous le nom de "Tirailleurs sénégalais", étaient donc, par lui, déclarés indésirables en France : pas question qu'"ils" défilent sur les Champs-Élysées. On les renvoya dans un camp militaire de la banlieue de Dakar, Thiaroye. Peu soucieux de défiler et bien plus préoccupés de retourner sur leurs terres faire savoir à leurs familles qu'ils étaient vivants, ceux-ci rentrèrent avec plaisir. Impatients de retourner dans leurs pays respectifs, ceux d'entre eux qui n'étaient pas originaires du Sénégal s'inquiétèrent du retard pris à leur distribuer leur solde pour qu'ils puissent rejoindre leurs proches et le firent savoir. L'autorité gaulliste les faisant attendre, ils manifestèrent leur colère. Il leur fut promis qu'ils seraient rentrés dans leur dû dès le lendemain. Satisfaits et rassurés, ils se couchèrent tranquilles... pour ne plus jamais se réveiller.

Dans la nuit, l'administration gaulliste les fit mitrailler dans leur sommeil. No further comment.

Voilà une page glorieuse de l'Histoire de France récente !!

A l'époque, un poète sénégalais, plus Oncle Tom que lui tu meurs, leur consacra un poème dont, à la lecture, on ne se rend pas très bien compte s'il défend la mémoire des Tirailleurs assassinés ou la grandeur de la France.

Il s'appelait Léopold Sédar Senghor.

Comme toujours, bien démontrer qu'il n'y a d'uniformité dans aucun groupe humain, le maréchal Leclerc, libérateur de Paris, homme d'une autre trempe et qui les a vus à l'œuvre sur le champ de bataille, exigea le jour de son entrée dans la ville, que les soldats africains ne fussent plus jamais appelés "Armée B" comme il était d'usage jusque-là, mais, désormais "Première armée française".

Écrit au crayon gris dans la mémoire nationale. Vite gommé et oublié.

De Gaulle avait raison au moins sur un point : Français, vous avez la mémoire courte !!

Il y a des gens blancs super sympa, pour qui vous donneriez votre vie, qui vous trouvent adorables parce-que vous êtes comme ils veulent.

Il y a des gens blancs qui seront pires que nazis vis-à-vis de vous parce-vous vivez naturellement, sans complexe, vous exprimez quand vous voulez et de la manière que vous voulez sans pour autant forcément chercher à provoquer. Juste nature, goût bulgare.

Ce sont les mêmes.

Croyez-vous, sinon, que Madame Clinton aurait continuellement flirté avec la xénophobie lors de la campagne présidentielle US 2008, répétant des "Shame on you, Barack HUSSEIN Obama !!", expliquant avec un sourire supérieur que Mr Obama ferait un excellent vice-président mais un commandant en chef incapable ?? Pensez-vous, sinon, que Mr Clinton aurait risqué -et réussi à salir-sa belle image en traitant Obama de menteur, qualifiant sa biographie de plus beau conte de Noël qu'il ait jamais entendu ??

La Palestine ?? Perso, j'en ai rien à battre. Comme, du reste, l'ensemble des pays arabes. Ils sont musulmans, ce qui m'est déjà suffisamment rédhibitoire. L'esclavage viscéral, tout comme la peine de mort leur sont naturels, recommandés même puisque le Prophète usait des deux.

Par extension, rien ne sert de dépenser un fric fou avec l'Organisation de l'unité africaine tant qu'on aura pas assez de couilles pour en virer les pays maghrébins. Par simple réalisme très honorablement raisonnable. Les ressortissants de ces pays se proclament "Maghrébins" et, lorsqu'ils disent "Africains", ils parlent des Noirs.

Au Maghreb, l'une des pires insultes pour un Noir est d'être traité de "salagani", déformation de "Sénégalais". Il faut une volonté absolue de cécité pour laisser croire, d'où qu'on soit, que l'on n'a pas remarqué que, dans les pays arabes, grands esclavagistes élevés dans le mépris du Noir, aucun Noir n'occupe aucune fonction honorable -la Mauritanie est un pays sahélien négro-africain avec une composante arabe qui coopte le pouvoir parce-que soutenu tacitement par tous les pays arabes dans ce sens. Il n'y saurait être question, pour eux, qu'un Noir y dirigeât des Arabes. Un observateur non concerné directement s'imagine, de bonne foi, qu'il n'y a pas de Noirs dans les pays arabes à part les membres des délégations diplomatiques.

En 1989, la Mauritanie renvoie aux Sénégal des milliers de Mauritaniens noirs affreusement mutilés et des centaines de morts et d'agonisants. Ils furent parqués dans un stade excentré de la capitale pour éviter des représailles contre les Mauritaniens arabes vivant au Sénégal où ils détenaient toutes les petites épiceries de proximité. Ils étaient très intégrés et parlaient parfaitement la principale langue du pays. Ainsi, lorsque transpirèrent -très vite-les atrocités du stade et que des foules venus des banlieues décidèrent de les venger, les familles sénégalaises cachèrent "leurs" Maures et plaidèrent leur cause : étant au Sénégal, ils ne pouvaient être tenus pour responsables des massacres commis en Mauritanie.Ce qui était juste. Il appartenait au gouvernement de prendre des mesures de représailles. La fantomatique armée mauritanienne n'aurait pas tenu longtemps devant l'armée sénégalaise. Il n'y eut pas de représailles. Plus tard, le président Diouf expliquera que Saddam Hussein lui avait personnellement fait savoir que si le Sénégal attaquait la Mauritanie, l'armée irakienne s'engagerait aux côtés de celle-ci. L'Irak sortait d'une longue guerre avec l'Iran dont elle se déclarait vainqueur et passait, auprès de l'Occident, pour la quatrième puissance au monde, ce que la guerre du Golfe démentira trois ans plus tard.

Je professe du respect pour Monsieur Boumédiène, président algérien lequel devint et demeura jusqu'à sa mort -dont je m'empresse de proclamer que je pense qu'elle découlât d'un assassinat-un tiers-mondiste avant tout : il avait compris où était le chemin du progrès et l'importance de se rassembler, le devoir de nous rassembler.

J'éprouve de la tendresse pour Monsieur Bourguiba, lequel, hors les délires dus à son état de santé, avait cette extraordinaire suprême qualité à se référer à son enfance misérable, qualité rarissime chez nos potentats.

Il existe probablement d'autres Arabes dignes de mon respect : je n'ai pas le bonheur de les connaître. Et lorsque Monsieur Wade sabote la politique d'Obama vis-à-vis de l'Iran en ce mois d'avril 2010, c'est son âge, certes qui le rapproche d'une fin qu'il souhaite "musulmane", mais aussi, et plus simplement, l'atavisme d'esclave du double maître arabe : par la force et par l'Islam. En réalité, j'en veux bien plus, si c'est possible, à nos politiques qu'à chaque fois, une raison contraire à nos intérêts vient freiner. Ils peuvent à loisir se révolter contre l'Occident, maintenant que ça mange plus de pain, mais ils continuent plus que jamais à ployer sous le joug du monde arabe, berceau de l'Islam et du pétrole, sans jamais oser se questionner sur les torts multiples causés par ce monde arabe à l'Afrique car, pour eux et leurs électeurs, Arabe = Mohammed.

J'espère déciller et faire des émules. Sinon, nous n'avons pas fini de tourner en rond.

Vous souvenez-vous de ce ministre de l'Intérieur de la première cohabitation, sinistre Fernandel, qui se targuait de "terroriser les terroristes" ?? Chaque fois que des Arabes faisaient exploser des bombes dans Paris, il affrétait des charters ultra médiatisés remplis de pauvres travailleurs maliens expulsés manu militari.

Aujourd'hui, 20 avril 2010, pour la énième fois, à 83 ans, il affronte la justice qui l'a déjà condamné avec sursis en dernier recours. Mais cette fois, en tant qu'ancien ministre jugé pour des faits commis pendant son exercice, il est jugé par la Haute Cour. C'est un assassin aux mains propres tout comme le borgne, de ceux qui se contentent de faire faire le sale boulot par des subalternes et des irresponsables.

Bien sûr, je ne souhaite pas qu'il aille tâter de la paille humide. Papon et Bousquet y ont bien coupé. Mais je suis rudement content qu'il soit humilié et flétri !!

Il n'y a pas si loin, Wadal Abdel Kader Kamougué, alors ministre des Affaires étrangères du Tchad et jusqu'à présent honorablement connu des Africains lambda, se fait publiquement traiter de "descendant d'esclaves" par un ministre libyen. Lors d'un sommet à Tripoli. C'est à dire en présence de toutes les délégations de l'ex-OUA, maghrébines et africaines. Il n'est pas de trace d'excuses publiques, de sanction, encore moins de regrets. Aucune délégation n'a quitté le sommet, ce qui eût été la toute moindre des réactions. Quant à Kamougué, il semble avoir rayé l'injure de sa mémoire à l'instant où elle fut proférée.

Mais qui permet ce genre de comportement grossièrement fasciste sinon les chefs d'État africains qui se trainent devant les potentats arabes comme les cloportes qu'ils sont à leurs yeux ?? Étant pour beaucoup musulmans, comme Diouf, ils ne se considèrent pas comme égaux en religion mais comme inférieurs à ceux qui sont censés être, tous, descendants du Prophète. L'attrait du fric du pétrole qui les enrichit personnellement -eux, non leurs peuples-fait le reste.

Les États du Maghreb font tous partie de la Ligue arabe, laquelle, elle, est traitée autrement sérieusement par les mêmes partenaires occidentaux qui se moquent éperdument de l'ex-OUA par eux considérée comme un club exotique. A raison.

La Tunisie a aboli l'esclavage en 1846. Deux ans avant la France.

Un Noir tunisien n'est pas considéré comme un être humain chez lui. C'est une cantatrice tunisienne noire, connue et appréciée hors de Tunisie mais méprisée chez elle, qui l'affirme dans les colonnes de Jeune Afrique.

Hamid Bessalah, premier ministre noir maghrébin a été nommé en 2008 aux Technologies de l'information et de la communication en Algérie.

Le bâillon, en Afrique, est moins l'Occident que l'Islam. L'esprit de servitude est le bâillon. Les états arabes demandent à l'Afrique de rompre ses relations diplomatiques avec Israël. Les Africains, dociles, se précipitent à qui mieux mieux. Ils ne se raviseront que vingt ans plus tard, forcés de constater que les compensations promises par les riches pétroliers n'arrivaient pas. Ils avaient pourtant une très excellente raison de rompre tout seuls toute relation avec Israël : la complicité de celui-ci avec l'Afrique du Sud de l'apartheid, lequel était beaucoup plus hallucinant de la part d'un État dont la souffrance "Shoah" si proclamée et tant reconnue perdait toute crédibilité.

L'Occident est sournois et arrogant. L'islam est brutal et méprisant. En Occident, il existe des consciences anti-occidentales. En terres arabes, il n'existe pas de conscience autre que la certitude de la non-humanité du Noir.

9 janvier 2009, 21h50

Obama n'a pas encore prêté serment qu'il est considéré par les Noirs comme un héros ethnique, Condoleeza Rice compris. C'est naturel dans un monde tronqué. Dans un monde normal, Obama serait un homme politique charismatique au lieu d'être un Noir charismatique, ce qui est réducteur et blessant.

La France est le pire abrutisseur des peuples africains. Tous ses dirigeants ont excellé, parfois différemment, dans cet exercice. Aucun -François Mitterrand inclus- n'a cru bon de se désolidariser des potentats pillards, milliardaires en euros, pour le bien de l'Afrique et des Africains. Tous rendent des hommages émus à Houphoüet-Boigny, "père de la nation" ivoirienne, laissent perdurer aux yeux des Africains les monstres qu'ils ont créés : Léon Mba, le crétin pathologique, Boganda, l'abruti aux ordres qu'on fait passer pour un héros...

Il est très grand temps que cela cesse.

Dia Asiboï, qui renia son nom pour le très francisé "Félix Houphoüet-Boigny", a fait construire dans son village natal -3 pelés et 2 tondus-la plus grande cathédrale du monde, sur le modèle de Saint-Pierre de Rome avec, disait-il, 132 milliards tout droit sortis de sa "cassette personnelle" .

132 milliards !!

Alors que ses administrés étaient nourris par l'obole de ceux-là mêmes qui se sont fait un art de le mettre sur un piédestal, le même qui a servi à des criminels patentés tels Mobutu en République démocratique du Congo qu'il renomma "Zaïre" en son temps. Jean-Bedel Bokassa qui chassait avec son "frère" Giscard qu'accessoirement, il approvisionnait en diamants centrafricains décrétés son trésor personnel.

Trop sont encore vivants, au pouvoir, maintenus par la France au nom d'intérêts matériels au détriment de l'humain. Trop ont été remplacés par des marionnettes qu'on espère -et qui s'avèrent-dociles, au Togo, au Gabon...

Les véritables héros, aux yeux des Africains, sont, certes, Nelson

Mandela, intouchable, mais aussi Patrice Lumumba, Sékou Touré, Hissein Habré, Robert Mugabé, Ruben et tous les autres qui ont été assassinés pour avoir été indociles.

La France, en l'occurrence, pour la plupart, s'essoufflera à vouloir en faire des tyrans, sa simple obstination ouvre les yeux des plus jeunes : ces hommes se sont dressé contre le colonisateur à l'époque où Senghor et autres Houphouët-Boigny avaient le petit doigt sur la couture du pantalon.

Cette fierté, rien ne pourra l'effacer aux yeux des peuples africains. Au contraire, d'autres s'acharneront à écrire la véritable histoire des occupations et des crimes occidentaux en Afrique.

Les Africains d'aujourd'hui sauront enfin qui étaient ces Samory Touré, ces Béhanzin, ces Shaka, ces Lat-Dior et tant et tant d'autres qui ont tenté de barrer la route aux voleurs.

Ils sauront ce qu'est Ishandlwana, la plus humiliante défaite de l'Empire britannique.

Ils sauront tout ce qui est volontairement caché. Et la honte qu'il y a à voir pulluler des "avenue du Général de Gaulle" dans leurs capitales.

Pas par esprit de revanche : ils ne sont même pas conscients du hold-up de leur histoire. Non plus que pour la gloire. Ni pour aucun sentiment béat de pseudo-revanche. Juste pour que leur soi restituée cette vérité sur eux-mêmes trop longtemps occultée.

La Cour pénale internationale ?? J'y cite la France à comparaître, Monsieur Ocampo.

Pour le gain de la Justice.

Rien, dans cet ouvrage, n'est destiné à éveiller de la colère ni aucun sentiment négatif. Tout y sert à dire au Noir : tu n'es pas ce qu'ils te contraignent à croire, regarde, voici la Vérité.

Et puisque je dénonce pèle-mêle leurs actions et les croyances qui leur servaient de tuteurs, beaucoup achèteront ce livre. Peu l'admettront. Un tel job ne se fait pas d'un coup. Les effets surviendront après qu'ils m'aient roulé dans la boue. C'est humain. Et je peux y faire face.

Je suis à l'étroit.

Très à l'étroit.

Comme irrémédiablement coincé entre l'hypocrisie de l'Occident et mon rejet total, absolu, d'une Afrique au mysticisme haïssable à laquelle ne me lient que le très proche sang, des amis et des souvenirs.

Parisien par force. Qu'heureusement Parisien par cœur d'abord.

(*voir parenthèse 2014*)

À la place du BNVCRA qui proclame combattre le racisme et l'antisémitisme, il aurait été plus conforme à la syntaxe un BNVCS. De fait, seule la seconde proposition aurait dû être puisque ceux qui se plaignent de l'antisémitisme s'en plaignent comme d'un racisme. Mais cette proposition n'aurait pas plus été à sa place puisque, même les pires extrémistes ayant une relative culture, savent parfaitement que le notion de race ne signifie rien. Scientifiquement -et désolé pour les anti-autres faciès, couleurs, us et différences -le terme "race" ne correspond, je le répète, n'a jamais correspondu, définitivement, qu'à une coquille vide. A aucune réalité. Son utilisation est, donc, empirique. Mais tenace.

À l'instigation de Mr Steve Cohen, élu démocrate, la Chambre américaine des représentants présente aux Africains américains les excuses des USA pour l'Esclavage et les lois ségrégationnistes, le 30 juillet 2008. Ce qui, probablement, partait d'un bon sentiment mais, de fait, rejetait les Africains américains de leur appartenance aux USA. L'enfer est pavé de ce que vous savez.

Faudrait être logique.

Si Dieudonné pète les plombs, fréquente des salopards d'envergure et invite à son spectacle un négationniste, ce n'est pas à lui que doit être la pierre à jeter : cette pierre appartient à tous ces beaux messieurs qui occultent la participation active historique juive dans le financement de l'Esclavage malgré -ou peut-être à cause de-toutes les humiliations, pogroms, déchirements, des siècles subis dans les pires conditions. Alors, qu'on ne me fasse pas chier : il ne s'agit pas de Juifs, de Blancs ou de Noirs : il s'agit d'individus, plus souvent de groupes partageant une solidarité dans le bien ou le mal.

Dieudonné est un sujet intéressant. Il est blanc et il est noir. Dans cette situation, on est vite rendu au fait qu'on est Noir dès qu'on a une goutte de sang noir. Il a le droit de gueuler, qui inclut celui d'être condamné lorsque la Justice qui vous juge vous considère encore comme une merde. Ce qui est le cas. Dieudonné devrait être celui à qui l'on fiche une paix radicale puisque la suite lui donne raison. Le nazi borgne lui est ami ?? On le voue au pire. Le révisionniste il invite, on le voue au pire...

Eh bien, tout cela m'aurait paru crédible si Jacques Chirac, ayant été pris en flag en train de serrer la main du nazi borgne, n'avait conservé toute sa dignité, si le bonsaï ne déstabilisait comme jamais la France de la Vème en voulant à toute pompe ... pomper le programme du parti fasciste. Avec l'identité nationale puis, maintenant, malgré la déroute de toutes les droites aux élections cantonales, avec un débat sur la laïcité qui ne pointe qu'une religion... et fait un flop assourdissant.

Malgré toutes les injustices subies, les Juifs ont été parmi les financiers de l'Esclavage qui les a enrichi à outrance, qui a été bien pire que l'Holocauste que tout le monde révère, ce qui, par ailleurs, est normal.

Une atrocité peut elle servir de couverture à une bien plus atroce ??

Non !!

Il est anormal que le parti d'extrême droite ne soit pas représenté au Parlement. Il est anormal qu'un parti pour lequel vote 1/10ème des Français soit considéré comme inexistant. Les partis traditionnels, en en faisant un repoussoir, le confortent. L'honnêteté voudrait que les élections législatives se fassent à la proportionnelle et que tout parti ayant atteint un quota fixé puisse représenter ses électeurs. Je n'ignore pas que mon propos sera traduit par : il a fait l'apologie du néo-nazisme. Je rappelle que l'expérience a été tenté il y a trente ans et le borgne n'est pas devenu président à l'époque. Par contre, en 2002, il a créé le tremblement de terre en étant présent au deuxième tour alors que son parti n'était plus représenté au Parlement depuis fort longtemps. Il est juste et sain que ceux qui votent voient ceux pour qui ils ont votés, dans le cadre défini par la constitution, représentés au Parlement au Parlement. Il est juste et sain que ceux qui abhorrent ces résurgences du nazisme voient leurs enfants savoir pourquoi ils ne veulent plus jamais de ça. Au lieu de calculs politiques misérables qui aboutissent qu'en ce mois de mars 2011, ce gouvernement de droite pédale dans la pire choucroute parce-que les sondages donnent la fille et successeur du vautour à la première place au premier tour si l'élection présidentielle avait lieu en ce moment, au détriment de tous les autres candidats, quelque soit leur appartenance et, surtout, au détriment du président-bonsaï qui serait éliminé dès le premier tour.

En plus d'être juste, cette mesure serait tout à l'avantage des électeurs modérés puisque des Sarkozy ne pourraient plus brandir les thèses extrêmes légitimes au parti diabolisé avant les élections pour siphonner ses électeurs. La Gauche ne pourrait plus s'exonérer de traiter avec une effroyable condescendance ses électeurs africains français. Chacun devra jouer cartes sur table. Le parti fasciste disparaitrait faute de pouvoir se perpétuer avec ses seuls électeurs et non plus avec des déçus de. Ou, en tout cas, serait réduit à sa plus simple expression. Ni Jirinovski, ni Haider, ni Fortuym ne sont jamais sortis du puits. Et, en Italie, lorsqu'ils accèdent à des fonctions honorables inattendus, ils se refont une toute nouvelle image de respectabilité en gommant toute aspérité et deviennent plus respectables que Berlusconi.

Dieudonné s'y prend mal avec des gens qui ont érigé l'exclusion, entre autres, du Nègre, comme conduite. Je ne condamne pas Dieudonné dans une société où le parti majoritaire, le parti du président, l'UMP, convie un journaliste, condamné pour incitation à la haine "raciale", pour lui dire sa solidarité. Le président a de solides racines juives. Le journaliste est juif. Tout comme le pseudo philosophe qui s'offusquait de ce qu'il y ait trop de Noirs dans l'équipe nationale de football. Mais là, personne ne crie "Au loup !!", n'est-il pas ?? Certains arrangements avec la conscience collective me dégoûtent décidément...

J'aimerais, pour ma part, entendre un Juif parlant au nom de la communauté juive, demander putain de pardon!! pour la participation au plus haut point, avec une particulière énergie financière et sans compassion aucune, au commerce négrier.

Quand on décide de dire la vérité, on la dit toute. On ne la morcelle pas.

Tout ça n'est quand même pas si grave.

Grâce aux autres Juifs que j'imagine solidaires des Nègres razziés... Mais j'arrive pas à les voir dans ma tête.

Lorsque Tony Gatlif, dans une interview à un journal français, raconte en parlant des Tziganes : "Lorsque Jacques Chirac a décidé de réunir les Justes au Panthéon, j'ai pensé que nous allions enfin savoir... Mais il n'a pas été question de Justes qui avaient sauvé des Tziganes...", j'ai les larmes qui coulent tout seules.

500 000 Tziganes, le quart de la population tzigane totale de France, sont morts dans les camps et personne n'en parle jamais, c'est quand même un putain de monde !!

Il y a un peuple martyr dans l'histoire de l'Humanité pour lequel j'éprouve une tendresse infinie. Il est composé des Noirs, des juifs, des Américains indigènes et des tziganes.

La puissance juive, qui lui a fait récupérer toutes les réparations possibles et imaginables en ignorant obstinément toutes les autres victimes, fait sortir d'elle-même les Juifs de cette liste. Né d'une souffrance, Israèl s'est solidarisé jusqu'au bout avec l'Afrique du Sud de l'apartheid. Cela n'est ni compréhensible ni pardonnable. Israèl est riche, puissant, redouté et massacre avec l'appui des grandes puissances occidentales tandis-que toutes les autres victimes des grandes injustices restent des hommes et des femmes de seconde main, sans défense.

Pourquoi ne peut-on jamais, au grand jamais, en aucun cas, en France, émettre aucune réflexion sur les Juifs sans être vilipendé ?? Ils existent,non ?? Ils sont entourés d'un mystère qui attire la curiosité. Ils ont créé en France une barrière protectrice législative à toute épreuve là où seule devraient s'appliquer les lois qui régissent tout le monde, là où ceux qui injurient ou stigmatisent devraient être distingués de ceux qui proposent des hypothèses comme c'est le cas pour tous les autres groupes. Ils ont fait main basse sur toute la capacité de repentance et d'indemnisation de l'Occident au détriment des Noirs dont ils sont financé sans états d'âme les siècles d'esclavage et les massacres mais je ne dois pas en parler. Pourquoi ?? Et pourquoi écrit-on Holocauste et non Esclavage ?? Allez, hop, désormais, nous écrirons Esclavage. C'est bien le moins pour la plus effroyable tragédie humaine dans toutes les acceptions de l'expression.

Personnellement, les Juifs me sont un mystère et une fascination et je ne m'empêcherai pas de continuer à étudier leur histoire et d'en tirer les conclusions qui me sembleront le plus plausibles.

Pas la peine d'essayer d'y trouver une quelconque haine. Vous pouvez relire cent-cinquante fois. Ma race, la seule que j'ai choisie, n'assimile pas la haine. Mes frères en sont de tous horizons et de toutes couleurs.

Il n'est que deux sortes d'hommes : les ignorants et les empathiques. Les seconds sont peu dotés. Car il est infiniment plus aisé de démolir que de considérer.

CRAN... M. Ndiaye, ce gentil garçon auquel le magazine Histoire laisse un espace d'expression... Mr Lozès avec son senghorien sourire...

Tous sont néfastes à ce qu'ils veulent, ou prétendent vouloir. Leurs sourires polis pleins de dents ultrabrite, leurs mots bien cirés, desservent là où, plus que jamais, il s'agit de dire Merde, ça suffit !!

Lorsqu'en campagne farouche contre Obama, Hillary Clinton rappelait qu'il a fallu un homme pour signer le décret mettant fin à la ségrégation aux USA, laissant clairement entendre que, sans le président Johnson, les Noirs seraient toujours sous le joug, qu'un Blanc leur a généreusement offert la liberté, foulant aux pieds tout le combat pour les droits civiques et la mémoire de ses hérauts, j'ai su que je n'aimerai jamais cette femme.

Mais d'abord, mettons une évidence en évidence : la France est un pays discriminant anti-Noirs. Des discriminants notoires y sont appelés à siéger dans des gouvernements. Ceux que la loi mandate pour défendre les droits de tous les justiciables piétinent superbement les droits du Noir sans être sanctionnés. Un responsable politique, M. Raoult en l'occurrence, peut y apostropher publiquement la lauréate -noire-du Goncourt 2009, Marie Ndiaye, pour avoir osé s'exprimer, avant d'avoir été primée, sur le gouvernement de son pays, le ministre de la Culture, Frédéric Mitterrand, déclarant n'avoir rien à dire sur "cette polémique". Il faut dire que Marie est métisse. Pauvre Marie qui, dans un journal dont le nom ne me revient pas, niait pratiquement le "racisme", affirmant ne l'avoir jamais vécu. Comme si la chose eut été possible...

En France !!

Maintenant, reposons juste une autre évidence -pas craindre de se répéter, ils ont la mémoire tellement courte- : la France est le pays le plus discriminant anti-Noirs au monde hormis les pays arabes. Le pays où la discrimination anti-Noirs est le plus virulente, quotidienne, visible et ignorée par tous ceux censés faire respecter impartialement la Loi, organismes ou individus. Surtout par ceux qu'elle touche. Les lâches et les fachos y parlent fort. On y crame impunément les misérables immeubles où on leur octroie -aux Noirs-le droit d'habiter, faisant des morts -17 dont 14 enfants, boulevard Vincent-Auriol. Abdou Diouf, président de la Francophonie, ne se fend même pas d'une pauvre déclaration de solidarité. Les non et anti-discriminants y sont une effroyable majorité silencieuse. Ils défileront pour se donner bonne conscience à peu de frais.

Y a des jours, je regrette d'avoir pas fait foot, ou sportif en tout cas. Ramasser des thunes par millions en pensant avec ses pieds...

Une fois le décor planté, nous pouvons, vous et moi, nous attacher à démontrer et à comprendre.

Mouais. Nous sommes bien des sauvages.

C'est hallucinant de s'en rendre compte tout à coup, après tant de temps de contestation depuis qu'on nous a débâillonnés, officiellement démuselés. On devrait dire "Aaahhh !!"

Je dis Beeerkkk !!"

L'on nous scoope en 2002 le réajustement, après 57 ans, des pensions des anciens combattants africains. A ce jour, nul n'a rien vu venir. Le tirailleur sénégalais qui a donné son nom à la jurisprudence supposée mettre en vigueur cette réparation est mort avant que la France lui ait donné gain de cause. Ceux qui devraient en bénéficier restent plus que sceptiques, les plus alertes d'entre eux tutoyant allègrement les quatre-vingt-dix ans.

A la veille de la présidentielle de 2002, l'on nous parle des multiples problèmes d'insécurité en nous expliquant, bien pensant, faute aux immigrés définitivement inintégrables, oublieux, bien penseurs -de tous bords !!-de clairement préciser qu'en période électorale, "immigrés" veut dire Maliens, Sénégalais, Camerounais et autres pigmentés, et non pas -loin de là !!-Arabes, surtout pas, qui font peur, eux, sont défendus par leur gouvernements pétroliers, ont l'expérience de plusieurs siècles de confrontation et, accessoirement, beaucoup de dextérité dans le maniement des explosifs et du simple couteau à cran d'arrêt.

Il s'agit encore moins des Européens hors UE, ceux-ci étant, somme toute, plus ou moins, sinon aryens, du moins aryanisables. Et qu'on ne me regarde pas comme ça : l'expérience, ainsi que j'y faisais allusion plus haut, fut bel et bien tentée au siècle dernier sur des enfants sélectionnés pour leurs cheveux blonds et leurs yeux bleus et, pour peu que quelque pilule de sa découverte, voire le bon dieu, lui ait prêté longue vie, rien ne prouve de manière absolue que le bon docteur Mengele, mandaté maître d'œuvre de cette démarche par les démiurges nazis, n'est pas en train de se la coule douce, à cent berges et mèche, dans quelque atoll du Pacifique !!

L'un et l'autre candidats au fromage suprême enfilent leurs beaux habits électoraux. Ils flattent l'Afrique comme Chirac le cul des vaches au salon de l'Agriculture. L'un et l'autre sont hypocrites. Celui-ci de notoriété publique, celui-là bien plus préoccupé par des objectifs autrement importants que le Sahel.

L'on nous parle de liens indéfectibles -paix à nos pères enterrés dans des cimetières confidentiels du côté des Ardennes ou ailleurs, loin défunctés en surnombre pour des raisons par eux ignorées !!-mais on se désengage discrètement pour relever l'allié mieux naturel slovaque, polonais ou balte revenu dans le giron.

L'on nous assassine pour un bout de pain volé. D'accord, Jean Valjean aussi. Lopez et Ahmed pareillement. Seulement nous, ni Pythagore ni Ibn Sinna, ne demandions rien à personne sous nos baobabs.

-Mais retournez-y donc !!

Voudrais bien, moi, mais y a pu rien. Vous n'avez rien laissé.

Sauf le désert.

Rien d'autre que la voie tracée pour la misère et ses conséquences, Sida, Ebola... et nombre de noyés, assassinés au large de Lampedusa.

Or le fait que la Terre est à tout le monde, où qu'il se trouve, j'ai du mal à comprendre toutes ces chartes universelles, très modernes et si belles, que personne ne respecte, qu'aucune autorité n'applique. Je peux lucidement prédire qu'elles finiront comme les livres sacrés des "grandes" religions lesquelles, toutes, prêchent la vertu et, toujours, appliquent l'iniquité et la justifient.

Pour une reconnaissance universelle de Nelson Mandela, combien encore de caresses à nos milliardaires présidents d'Afrique, assassins sans foi ni loi, par la seule force des intérêts occidentaux, de ces pays où l'on jette quotidiennement à la poubelle plus qu'il n'en faut pour équitablement nourrir tout ce que l'on appelait le tiers-monde, et qu'on n'appelle plus rien du tout depuis que le quart-monde s'est mis à exister en Occident ??

L'on nous christianise à la chicotte : le bon dieu des chrétiens est un père Noël mielleux qui justifie l'esclavage et commet des attouchements sexuels sur les petits enfants.

Nous fermons les yeux sur le mal et sommes fervents.

L'on nous islamise au glaive : le bon dieu des musulmans est un jouisseur pédophile barbu qui justifie l'esclavage, déshumanise les femmes et terrorise les enfants.

Nous sommes fervents et nous faisons tuer pour lui.

Ben oui. Nous sommes bel et bien des sauvages.

Mais qu'il faisait bon, antan, danser nus sous la pluie pour appeler le soleil tropical de mes Afriques éternelles...

Revenons un peu à l'Islam : qu'est donc la Charia ??

Quelle direction d'hommes respectant l'homme-humanité -même en tant que créature de Dieu-peut appliquer à l'homme du XXI° siècle une législation barbare datant de quinze siècles ??

J'apprends, en lisant *Jeune Afrique* n° 2549, qu'un joueur de foot nigérian, "acheté" une fortune, 2 600 000 dollars par un club soudanais -comme si nous avions les moyens de singer les clubs d'Europe-pris en flag de conduite en état d'ivresse, est condamné, en plus d'une amende, à 40 coups de fouet.

Certes, les premiers responsables de cet état de fait, qui tant fait du tort à cette religion, sont les premiers califes qui, succédant au Prophète, n'ont pas respecté l'implicite, forcément existant si l'on suppose le Prophète intelligent, d'accorder la lettre du texte à l'époque du pratiquant. Pour, au lieu de distribuer du spirituel évolutif, retirer des biens matériels en faisant de l'instruction du maître une arme quasi-infaillible : un dogme leur permettant de garder et d'augmenter des privilèges ad vitam æternam. Ce qui fait que le musulman du 20ème siècle se voit obligé de respecter les mêmes règles qu'au moment où son prophète était en guerre, souvent traqué et n'avait pas accès à Internet.

Le Prophète, lui, aimait le tabac.

Lequel ??

Je penche pour le cannabis largement répandu dans ses terres conquises et qui, curieusement, ne passe pas pour un péché musulman. Il aimait les parfums, ce qui est normal en ces époques quand on sait qu'en France, Versailles, mille ans plus tard, était un nid de poux, puces, cloportes et autres organismes porteurs des pires pandémies dont on se demande comment elles ont pu être évitées. Peut-être en s'auto-neutralisant ??

Il aimait aussi -et surtout- les femmes. Obsédé sexuel au dernier degré moi-même, cela me le fait aimer illico. Un homme qui a aimé les femmes à ce point ne peut avoir donné à décréter le sort fait aux femmes en terres et banlieues d'Islam.

Conclusion : les chefs religieux musulmans sont, soit des cons, soit, pire, prennent leur prophète pour un archicon, lui qui, certes, fut un chef de guerre historique mais aussi un jouissif jouisseur. Dans tous les cas, les chefs religieux musulmans sont des archicons.

Je m'étonne que tous les allumés du Chiffre, les fous des millénaires et autres 666 n'aient pas relevé que les chiffres qui désignent la pire catastrophe US, september 11, correspondent exactement au numéro de téléphone le plus utilisé tous les jours aux mêmes US : le 911.

Mais ceci n'a rien à voir avec rien.

Ou je ne m'en souviens plus.

L'on me reprochera -à raison, là aussi-de sauter du maîtrede la basse-cour à l'asinien et l'on aura bon. Mais puisqu'autant du coq que de l'âne je me moque, je peux continuer : je m'en donne le droit.

Au Sénégal -là aussi, je dois expliquer au profane qu'étant Sénégalais d'abord, puisque par hasardeuse naissance dans un territoire ainsi nommé, il est normal que je connaisse des choses dont je me serais bien passé de la simple existence-il est un phénomène assez particulier (pléonasme mais j't'en fiche), celui des sectes religieuses musulmanes.

On appelle leurs fondateurs des "grands" Marabouts, des Khalifes. Certains sont à l'égal de saints d'ailleurs. Un, au moins, est considéré par ses nombreux affidés, qui se tuent régulièrement pour lui pour des déraisons, comme Dieu. Il y a huit jours, mon cousin m'a sorti, en voulant démontrer une logique péremptoire parfaite :

"Il n'y a qu'Allah et Serigne Touba qui soient immortels".

Tout cela étant dit avec la plus grande révérence, vis-à-vis de moi, le grand frère.

Serigne Touba -alias Mouhamadou Bamba Mbacké- était un mystique non-violent rebelle à la présence française. Il eut une vie temporelle passionnante et louable de résistant, rassemblant sous la bannière du prophète de l'Islam tous les esclaves mentaux dont il reste tant en Afrique et au Sénégal. Pour ma plus grande douleur.

Voyant s'affirmer son aura, cet homme accepta être décrété Dieu sur terre, alors même que lui, stratège, se proclamait esclave du prophète. Son histoire est passionnante mais n'est pas mon propos. Quoiqu'il en soit, il ne fit rien pour empêcher que sa descendance soit récipiendaire -sans doute dans son esprit-de son héritage divin intouchable.

Le résistant pacifique qu'il fut a été, et reste, un symbole de fierté pour le Sénégal.

Celui qui utilisa ceux qu'on le croyait défendre contre l'occupant pour les agenouiller à son service ne mérite pas mon respect.

Le croyant est tellement crédule qu'il m'imaginerait mort, de la plus atroce manière, pour avoir pensé les mots qui précèdent. Toujours ce besoin de prendre Dieu ou ceux que l'on suppose ses envoyés pour des adjudants-chefs de carrière sadiques.

La famille de Monsieur Bamba se transmet une royauté par le fric à ce point juteuse que les parents du côté avunculaire féminin, ne portant pas de naissance le nom du créateur de la secte, prennent spontanément, et sans complexe, le nom -créé par lui-même- du Résistant.

Dans la société sénégalaise, savoir d'où tu viens depuis des générations est la moindre des choses.

Dans la famille du personnage évoqué, point d'ascendance connue depuis ses parents directs et... son propre maître d'école coranique, partie intégrante de la légende.

Des centaines de milliers de disciples confient leurs âmes à ses descendants, lesquels leur garantissent l'entrée au Paradis, quels que soient leurs pêchés. En contrepartie, souvent grâce à ces pêchés, ils donnent une partie conséquente de leurs salaires à leur"marabout protecteur d'âme". Ceux d'entre eux paysans s'astreignent à travailler la moitié du temps dans les champs de leur maître et l'autre moitié dans les leurs. On pourrait croire que seuls des gens frustes, illettrés, abrutis par l'obscurantisme sont disciples de ces aigrefins.

Que non point !!

Monsieur Wade himself, président du Sénégal au moment où j'écris, est un fervent disciple qui, une fois élu, en 2000, s'est précipité à Touba, la ville sainte, s'agenouiller devant "son" marabout et faire allégeance aux su et vu de tous.

Il est arrivé à Maître Wade, par ailleurs grand intellectuel noyé sous les diplômes en tous genres, de se réconcilier avec une personnalité politique du paysage local en déclarant publiquement que c'est son marabout qui le lui avait ordonné (?!)

D'autres intellectuels respectés sont "taalibe" -talibans-par milliers. Lors d'élections, les marabouts sont très courtisés pour donner des consignes de vote car toute parole émanant d'eux est un "ndigal", plus qu'un ordre, un divin oukase. Ils gèrent leur bonne ville comme ils l'entendent, la maréchaussée pas plus qu'aucune force nationale n'y étant acceptée. Il me souvient qu'à la mort de l'un d'eux -car oui, ils meurent mais ça semble logique à leurs fanatiques- plusieurs disciples se sont suicidés parce-que les portes du paradis étaient ouvertes à tous ceux qui auraient le bonheur de mourir le même jour que le marabout.

Avec une telle naïveté à disposition, les divers occupants n'ont eu qu'à se servir. Ce qu'ils ne se sont pas privés de faire.

Il est bon de balayer devant ma porte lorsque je dénonce les crimes, abominations et autres infamies dont l'Occident est responsable vis à vis du Noir.

Nous sommes dimanche 22 novembre 2009. Il est 19:50.

Sur France Inter, Monsieur Huchon, président socialiste de la région IDF, explique, avec sérénité comme à son habitude, pourquoi il est opposé au projet présidentiel qui a déjà vu la création d'un ministère de la Région-Capitale. Il parle, notamment, des transports, émet des arguments difficilement réfutables dans l'intérêt des présumés bénéficiaires de son projet et de celui d'en haut. Tout ça bien, clair et net. Lorsque, tout à coup, poussé à commenter le faux débat de faux culs sur l'identité nationale et le parallèle qu'il y est fait avec l'immigration, voilà-t'il pas que Monsieur Huchon se met à parler longuement d'une discussion qu'il a eue, il y a trois jours, avec des jeunes d'origine maghrébine drapés dans des drapeaux algériens , l'Algérie jouant contre l'Egypte un match capital. Ceux-ci lui ont expliqué, avec la plus grande courtoisie, qu'ils étaient bien Français mais qu'il n'en oubliaient pas leur pays d'origine, de la même manière qu'ils sont contents lorsque la France gagne. Monsieur Huchon termine par un méprisant : "Il a fallu que survienne le lendemain la main tricheuse de Thierry Henry...". Je ne me souviens pas des termes exacts mais je ne risque certainement aucun démenti pour le sens de la phrase.

Au moment où Martine Aubry vient de tenir son premier grand discours de secrétaire générale du PS, audible, cohérent, se démarquant des fauteurs de division qui ne manquent pas au PS sans pour autant leur donner de quoi récriminer. Un discours où elle reconnaît que le PS n'a pas toujours été à la hauteur s'agissant de l'égalité -et où il me plait d'entendre l'"'égalité dans la représentation populaire", n'excluant même pas que mes propos, publiés deci-delà, où j'appelle les Noirs de France à cesser de voter tant qu'ils ne seront pas clairement représentés à des postes exécutifs et placés en positions éligibles, lui aient été rapportés,

Monsieur Huchon, d'apparence si débonnaire et épris de justice jette son pavé dans la mare au grand bénéfice de Besson et son patron.

Pourquoi ?? Qu'a voulu démontrer ainsi Monsieur Huchon ??

Que les Arabes sont de bons Français patriotes alors que les Nègres sont fourbes et tricheurs, indignes de l'identité nationale française ?? Il est vrai que Zidane, lui, pour une action d'une tout autre gravité, en finale de Coupe du monde, a bénéficié de louanges, certaine personnalité allant même jusqu'à affirmer qu'il était dans son droit de défendre sa famille. Henry, lui, ayant "juste" reconnu la faute et clairement dit que le match -contre l'Irlande-devait être rejoué.

Alors quoi ?? Monsieur Huchon hurle avec les loups pour quelle mystérieuse raison, rejoignant les mêmes qui ont tenté de salir Rama Yade, secrétaire d'Etat aux Sports -son purgatoire-pour avoir tenté d'expliquer que, dans l'action, qui se déroule à la vitesse que tout le monde connait, il est parfaitement normal que le joueur ne se soit pas rendu compte de son infraction. Les exemples sont légions pour le confirmer si besoin était. Le comportement de cet homme que je trouvais respectable est lâche et répugnant. Tiens, ce soir, je vais arrêter tôt : le dégoût n'est pas digeste dans mon indignation.

Juste avant, avez-vous noté que lorsque la secrétaire d'Etat aux Sports est virée du gouvernement et que son portefeuille est attribué à Madame Jouanno, caucasienne, le maroquin change d'appellation et devient un ministère de plein droit ??

N'allez pas tirer des conclusions trop hâtives : ces deux dames sont bien les seuls membres de la Congrégation qui justifie le titre de ce livre dont je me demande ce qu'elles sont venues faire dans cette galère : elles en sont tellement à l'opposé... Opportunisme, quand tu les tiens !!

16 décembre 2009, 18:20, sur RTL, un intervenant dans le débat sur le sommet de Copenhague : "Il faudrait que nous cessions de penser le Nord contre le Sud et que nous soyons solidaires"

C'est dingue ce que l'Occident peut désirer ardemment la solidarité dès qu'il est en danger !!

Eh bien, pour qu'il y ait solidarité, il va falloir d'abord solder le passif. Passons sur la dette morale, laquelle ne sera jamais remboursable.

Il va falloir consciencieusement calculer le montant des spoliations envers l'Afrique en ressources humaines volées et en bien matériels et le rembourser intégralement, avec les intérêts, il va sans dire, étalés sur bien plus que les quatre siècles reconnus de traite humaine et d'asservissement déguisé que fut la colonisation. Alors le Sud, redevenu apte à tenir debout sans béquilles, aidera le Sud. Et le Sud sera solidaire du Nord.

Pas avant !!

GEORGESWASHINGTON CARVER

Né kidnappé le 10 janvier 1864 dans le Missouri, Georges Carver obtient un Master of Science à l'Université d'Etat de l'Iowa.

De son petit laboratoire de Tuskegee, des centaines d'inventions vont sortir, qui vont révolutionner l'agriculture et la vie quotidienne. Parmi celles-ci, 500 teintures et pigments obtenus à partir de 28 plantes.

Quelques-unes des plus vulgarisées, et dont certaines que nous continuons encore à utiliser régulièrement :

-le shampoing

-le café soluble

-la mousse à raser

-le décolorant pour cheveux

-l'élastique

-l'encre

-la mayonnaise

-le linoléum

-le sparadrap

-la teinture pour bois

-l'aspirateur

-le marbre synthétique

-la graisse pour essieux

-le cirage

-l'attendrisseur à viande

-la Worcestershire sauce

-la chili sauce

-la créosote, laquelle, entre autres qualités, contribue à la fumaison des viandes et poissons...

Ce qui m'étonne le plus chez cet homme, c'est sa philosophie, qu'il appliqua sa vie durant : "Je n'ai pas le droit de faire de l'argent avec les dons que Dieu m'a offerts gratuitement." Sans être cupide, il me semble que j'eusse procédé bien autrement. Mais enfin, il s'agit de son talent, et s'il lui plait de raser gratis, libre à lui.

Il meurt en 1943, décoré de la médaille Roosevelt.

Ne vous étonnez surtout pas de n'en avoir jamais entendu parler : personne ne le connait alors que toulmonde bouffe de la mayonnaise et du ketchup. Cela découle de cette volonté collective de néantiser tout Nègre illustre quand on ne peut pas le blanchir. Pour G. W. Carver dont je parle, combien ont été définitivement retranchés de l'Histoire telle qu'elle nous est enseignée par cet eugénisme qui ne dit pas son nom ??

BATTLING SIKI

Né Mbaarik Faal en 1897 à Ndar, Sénégal, il débarque en France, sous le nom de Louis Siki Fall, dans les jupes de sa maîtresse, pseudo-comédienne inconnue, qui fait passer le garçon pour son domestique.

Siki commence à boxer dès 1912. Il a 15 ans. Livre 16 combats de 1912 à 1914 : 8 victoires, 6 nuls, 2 défaites.

Incorporé lors de la Première guerre, Siki est décoré de la Croix de Guerre et reçoit la médaille militaire.

Il se remet à la boxe en 1919 et, sur 46 combats, enchaîne 43 victoires, 2 nuls et une défaite concédée au 15ème round.

En 1922, Georges Carpentier, champion du monde des mi-lourds, cherche un adversaire facile à battre pour son retour en France où il n'a pas combattu depuis trois ans. Son manager, qui a assisté à la victoire de Siki sur Marcel Nilles, décide que celui-ci fera un bon faire-valoir.

Le combat a lieu le 22 septembre 1922 au stade Buffalo, à Montrouge, où 40 000 sont massées pour faire un triomphe à leur idole revenue. Les femmes se pâment et hurlent son nom. Le champion crâne et lance, en ôtant son peignoir, un élégant : "Dépêchons-nous, il va pleuvoir".

Au 3ème round, Georges Carpentier est au tapis. Il ne prendra l'avantage à aucun moment du combat.

Siki le chambre : "Vous ne frappez pas fort, Monsieur Georges".

Au 6ème round, un formidable uppercut envoie le champion au tapis pour le compte.

Épouvanté, l'arbitre n'ose pas compter Monsieur Georges. Subitement bègue, il fait traîner son décompte aussi longtemps qu'il le peut, pour la plus grande joie des aficionados noirs présents, lesquels s'amusent à compter plusieurs fois d'affilée jusqu'à 10 avant que l'arbitre finisse son décompte....... au terme duquel il déclare Siki disqualifié ?!

Mais la victoire est si nette et indiscutable que la foule prend fait et cause pour Siki. Vingt minutes après l'avoir disqualifié, sous la pression qui commence à tout casser, l'arbitre revient sur sa décision.

Mbaarik Faal, alias Louis Siki Fall, devient Battling Siki en même temps qu'il devient le premier champion du monde africain.

Le manager de Carpentier intentera un appel qui sera rejeté.

Siki a 25 ans. Il aime la vie. Sa popularité est à son zénith. Ses apparitions provoquent des attroupement qu durent longtemps. Amateur de jolies femmes qui le lui rendent et de belle vie, Siki, qui a le sens du spectacle, se balade dans Paris avec un lionceau tenu en laisse. Il porte le smoking en plein jour, fréquente les boîtes les plus réputées d'où il lui arrive de sortir éméché en tirant des coups de feu en l'air, toujours entouré de jolies femmes. Ses deux épouses seront blanches. Cela ne lui fut pas pardonné.

Le racisme se déchaine alors, et la presse avec.

Les journaux l'appellent "Le Championzé", "L'enfant de la jungle". *L'Intransigeant*, qui deviendra célébrissime quelques années plus tard pour collaboration active sous l'Occupe, écrit : "Siki donnerait la moitié de ses victoires pour devenir blanc". Son propre manager déclare à la presse que "Siki a du singe en lui".......

Il perdra son titre mondial dans un combat qu'il remporta haut la main en Irlande, après vingt rounds contre le champion local. En France, il perdra ses titres de champion d'Europe et de France... par disqualification.

Siki émigre aux USA en 1923.

Le 15 décembre 1925, il est retrouvé abattu de deux balles tirées à bout touchant dans le dos, au pied d'un immeuble de la 41ème Rue, dans le Hell's Kitchen, à New-York : ayant refusé de se coucher lors d'un combat truqué, il s'était attiré les foudres de la pègre locale.

Il avait 28 ans.

Pour l'écrivain Eduardo Arroyo, Siki a été assassiné pour s'être permis tout ce qui était prohibé aux Noirs : les femmes blanches, les belles voitures, les clubs de jazz -car les Noirs étaient interdits dans les boîtes où jouaient les musiciens noirs.

Tout ceci et ses interminables bagarres de rue défrayaient désormais plus la chronique que ses combats. "C'était trop d'insolence et de nargue" conclut Arroyo.

Nul ne dira jamais de Siki qu'il fut un Nègre blanc.

On vous trompe de bon cœur et ça marche. Pourquoi voudriez-vous que cesse qu'on vous prenne vos sous pour garnir le caviar des Grands Voleurs pendant que votre potée n'est pas garnie ??

C'est que lorsqu'un bizness se révèle juteux, il n'est pas d'exemple de ma connaissance où les bénéficiaires l'aient stoppé d'eux-mêmes, par honnêteté. Voilà pourquoi nous vivons avec des gouvernants qui, au plus haut sommet, sont poursuivis par la justice, et se font réélire par vous pour échapper à la Justice.

Voulons-nous cesser d'être les dindons volontaires des farces qui nous sont préparées ??

Je ne prétends pas être un démiurge. Je peux tout de même faire quelques recommandations que la vie m'a permis de tirer de situations qui me sont, peu ou prou, contemporaines.

En premier lieu, Africains, on vous a tellement mentis et sur tellement de sujets que je pense utile de m'attarder sur vous.

Les Présidents de la République dont nous sommes victimes, en surécrasante majorité, depuis les indépendances, sont loin d'être les Pères de la Nation que le colonisateur (qui l'est toujours, regardez la Côte d'Ivoire) cherche à nous faire gober. Ils ne sont que les attributs du colonisateur et les garanties de la pérennité de sa main-mise. Pardon, mais si vous ne comprenez pas ça, c'est que vous êtes franchement cons !!

Les monstres sanguinaires, voleurs à inhumaine échelle et autres guignols qui se succèdent à la tête des États africains ne sont pas représentatifs des Africains.

Ils sont les créatures du néo-colonialisme qui consistait à fermer les yeux sur leurs abus tant qu'ils servaient les intérêts des vrais maîtres, au détriment de l'Afrique.

En France, c'était même la vocation première du ministère de la Coopération et de ses occupants depuis Jacques Foccart qui était expert dans l'art de les restaurer lorsque, d'aventure, les ventres vides les détrônaient. On n'a jamais vu autant de "conseillers techniques" grouiller dans les palais présidentiels d'Afrique que pendant les quinze à vingt premières années après 1960. La France installait tout simplement ses pions pantins dans les palais qu'elle quittait.

En cette période de crise (2009), les pays occidentaux qui dénoncent avec le plus de véhémence les paradis fiscaux ont été les paradis fiscaux des pires dictateurs africains. D'où la colèrede ces derniers, grands pourvoyeurs d'argent sombre pour les présidents -particulièrement français-à l'occasion d'élections, dès qu'on s'aventure à faire de la pub sur leurs biens en Occident. Messieurs Bongo et Sassou ont même réussi à virer un ministre français qui clamait trop fort la fin des "anciennes" pratiques. Et ce ministre n'était pas le premier. Maintenant que Bongo est mort, de sa bonne mort, et remplacé par son rejeton débile plus que profond, il est, comme par hasard, découvert que les Bongo père et fils et leurs voisins sont gravement impliqués dans des détournements à l'antenne parisienne de la Banque centrale des États d'Afrique centrale (Beac).

-Houphouët-Boigny était un médecin africain, c'est à dire une sorte d'aide-soignant à qui on a enseigné vitement les rudiments, d'où la distinction entre "médecin africain" et médecin tout court depuis. Même lui l'a compris qui préférait se présenter comme planteur.

Le cacao étant la principale richesse de la Cote d'Ivoire, Houphouët a systématiquement pillé ce pays pour son compte et celui de la France.

Plus sage que Mobutu, cet autre vampire, il ne faisait pas étalage de sa fortune, ce qui lui permettait d'apparaître parfois comme un généreux donateur lorsqu'il décidait de faire cadeau de certaines de ses plantations à l'État. Houphouët était le bras de la France impérialiste en Afrique. Il a soutenu des merdes humaines comme Jonas Savimbi, pris langue avec les dirigeants de l'Afrique du Sud ségrégationniste alors même que Nelson Mandela était au bagne. Il a été aux côtés du général De Gaulle -avec Senghor, il est vrai-pour rendre la Guinée exsangue. Il a fait perdurer la guerre du Biafra. Il est à l'origine de la mort de Thomas Sankara qui lui avait fait clairement comprendre qu'il ne l'impressionnait pas, lorsqu'il le traitait de "gamin" et que le temps des dinosaures collabos comme lui était terminé.

-Houphouët-Boigny était un collabo, dans le pire sens du terme, de la

France souveraine dans son propre chez-lui. Alors que rien ne l'y obligeait. Rien d'autre que la sécurité du pouvoir à vie garanti par l'armée d'une France vautour à un vautour.

Lorsque vous entendez ou lisez dans les journaux, à propos de la crise en Côte d'Ivoire, des commentateurs se désoler en parlant du pays d'Houphouët, surtout, riez un grand coup au moins, ça fait pas de mal.

-Mister Bongo est venu, avant la mort de Léon Mba grabataire, passer son examen de passage devant Foccart d'abord, puis De Gaulle. Il était jeune. Il s'en est bien tiré puisqu'il a été un des pires suceurs de sang d'Afrique que les journaux, aux soldes, nous présentent comme un Sage. Il est curieux, d'ailleurs, que depuis son décès, l'an dernier, on ne l'encense plus et personne ne jette de fleurs à son rejeton successeur.

De certains vautours, pires parmi les pires, je ne parle pas nommément car j'ai décrété qu'ils ne mériteront jamais que ma plume leur fasse une publicité indirecte.

-Léon Mba était un parfait crétin pathologique, tel que l'administration coloniale les souhaitait pour perdurer undercover. Oui. Il faut savoir, comme l'on dit à peu près, nettoyer devant sa porte avant que d'aller vouloir balayer devant la porte des autres. Lorsqu'il fut déposé par un putsch en 1967, De Gaulle envoya ce qu'il fallait comme troupes pour le rétablir. Pas question de laisser des Africains, africanistes convaincus, venir stopper le juteux commerce qui consiste à enrichir le chef choisi qui laisse faire ce qu'il veut au colonisateur, devenu néo. La subtilité m'échappe, sauf à savoir que le néo a désormais un masque africain en la personne du chef choisi et mis en place.

-Senghor n'a pas été un bon président. Avoir été si improbable -rien n'est impardonnable-déçoit. Il demeure un très excellent poète dont, paradoxalement, la politique a nui à l'œuvre. Il aurait dû continuer sur cette voie. Lui, ne passe pas pour s'être enrichi sur le dos du peuple sénégalais. Mais quel gâchis, quelle perte de temps, toutes ces années à la tête du Sénégal, le petit doigt sur la couture du pantalon, aux ordres de De Gaulle d'abord, puis de son propre calling français. Ce que je ne lui reproche pas, mais quand on a ces émotions, on ne va pas se mettre en position de gouverner pour le compte d'un autrui qui n'est pas le peuple que vous êtes censégérer et qui travaille contre l'intérêt de celui-ci.

-Senghor ne s'est pas enrichi sur le dos du peuple sénégalais ou, en tout cas, pas ostensiblement. Son statut satisfaisait plutôt son besoin de France, son côté, très marqué, "peau noire, masque blanc". Autant, il était très enraciné en Afrique dans sa très belle œuvre poétique, autant il en était éloigné dans la vie.

Mais je m'égare là, je crois, non ?? La tendresse est dure à jeter par-dessus bord. Je maintiens que Senghor n'était pas un homme politique mais un artiste.

-Bongo n'est pas un Sage de l'Afrique, oh que non !! C'est un vampire parmi les pires. Mais il n'y a pas que lui, unfortunately.

-Mobutu était le pire de tous.

-Léon Mba, premier président du Gabon, a dû, comme Houphouët, renoncer aux sacrifices humains avant d'être enrôlé par les missionnaires, les 007 de l'époque. Avant de mourir, il avait créé une fondation Léon Mba pour venir en aide aux déshérités... à Marseille. Ce n'est pas un canular.

-Philibert Tsiranana, de Madagascar, était aussi un chef d'Etat comme laFrance les aime. Dans la catégorie crétin, pareil en cela à celui qui précède.

-Fulbert Youlou, du Congo, n'était pas mal non plus. Prélat de son état, une fois intronisé par la France, il fut vite excommunié par le Vatican. Ce qui ne l'empêchait pas de continuer à porter des soutanes qu'il faisait venir de chez Dior, svp, de sauter sur toute femme qui lui plaisait -ce qui me le rend, je ne sais pourquoi, moins antipathique que d'autres-et de se foutre complétement de régir son pays. L'encadrement français s'en chargeait assez bien pour le rôle qu'il avait à jouer.

-François Tombalbaye, qui trop tard lança la mode des africanisations de prénoms en devenant Ngarta, le lion -tout comme son collègue du Togo devenu Gnassingbé, le lion- fut vite fait abandonné par le suprême protecteur, ce qui fit du Tchad un terrain de bataille pendant de trop longues années.

-Modibo Keïta, au Mali, Hamani Diori, au Niger font partie des très rares chefs d'états respectables de l'Afrique francophone de cette époque. Ils étaient africains progressistes. Ils ne firent pas long feu.

Sauf ce trublion qui dit merde à De Gaulle en 1958 et qui, malgré ses exactions (pas d'enrichissement personnel, mais des boucheries qui n'avaient pas lieu d'être, qui n'auraient pas été sans une paranoïa induite par De Gaulle et ses sbires Houphouët et Senghor, entre autres) restera, j'en suis sûr, dans l'Histoire, comme Celui qui a dit non à celui qui prétendait dire non.

On vous ment. Vous n'êtes pas musulmans, ni chrétiens. Ces religions vous ont été imposées par le glaive (Islam) ou par la promesse de pain quand vous aviez le ventre vide (Chrétienté). Relevez-vous : la peur du vide spirituel n'a qu'une finalité : conforter vos exploiteurs et ceux qui vous méprisent dans leur sentiment que vous êtes, décidément, malléables à souhait.

Aujourd'hui, 11 avril 2011, M. Ouattara est investi président de Côte-d'Ivoire par l'armée française qui a balayé Laurent Gbagbo et la moitié du peuple ivoirien au mépris de toutes les règles et du simple bon sens.

C'est Senghor qui disait que le raciste est quelqu'un qui s'est trompé de colère.

Jamais rien entendu d'aussi bête. Rien que d'admettre l'entité "raciste". Comme si on se mettait d'accord avec elle pour agréer la notion de race.

A ce compte, je réponds à Senghor : le Nègre est quelqu'un qui s'est trompé de couleur. C'est tout aussi con mais au moins drôle avec la riche rime sous-jacente.

Le problème avec Senghor, un grand poète, est que, pleutre par nature, il aurait dû se cantonner à la poésie et, surtout, ne pas se mêler de politique.

JOSEPHINE BAKER

"J'ai deux amours :

Mon pays et Paris..."

Née Freda McDonald le 3 juin 1906, à Saint-Louis, Missouri, d'une mère originaire du Sénégal rebaptisée Carrie McDonald, Joséphine Baker débarque en 1925 à Paris où elle devient vite une star dans la "Revue Nègre", au théâtre des Champs-Élysées et, un an plus tard, grâce à sa célèbre ceinture de bananes.

En conflit perpétuel avec les procédés discrimimants -elle n'a jamais accepté de se produire dans une salle dont l'accès était interdit à quiconque en raison de sa couleur- elle adopta, à partir de 1953, une douzaine d'enfants de toutes origines, illustrant par là sa foi en ce qu'il n'y a qu'une race sur terre : la race humaine.

Ce que l'on sait moins, c'est qu'après avoir pris des cours de pilotage et été infirmière-pilote de la Croix-Rouge avant la débâcle, Joséphine Baker s'engagea dans la Résistance en tant qu'agent de renseignements de la France libre.

A la Libération, le général De Gaulle lui adressa une fameuse -mais néanmoins inconnue- lettre de remerciements pour services rendus à la France. Il faut croire qu'il lui était plus facile de se monter reconnaissant à une extraordinaire chanteuse qui avait célébré Paris mieux que personne avant ni après et qui, somme toute, avait dû avoir acquis des manières en vivant dans un pays civilisé.

Pour sa contribution à la libération de la France, elle reçut la Légion d'Honneur, la Croix de Guerre, la médaille de la France libre et la médaille de la Résistance en

1946. A sa mort, le 12 avril 1975, elle fut -et demeure-la seule femme à avoir eu droit à des funérailles militaires. Cependant, ruinée, dépossédée de son château de Milande, elle fut enterrée à Monaco, aux bons soins de son amie la princesse Grace.

NGALANDOU DIOUF

Né en 1875 à Ndar, Sénégal.

Premier élu africain depuis le début de la colonisation, il représente la commune de Tëngeej au Conseil général de Ndar, capitale de l'Afrique occidentale francophone.

Certains curieux de l'Histoire se sont demandés pourquoi les doomuNdar et, par delà, les Sénégalais, n'ont pas réclamé l'indépendance beaucoup plus tôt.

Il m'est avis qu'ayant cette facilité à se mouvoir parmi les Blancs en se faisant respecter, il leur semblait, pour l'époque, plus lucidement accessible de faire avancer les statuts du Sénégal et de l'Afrique au sein de l'Empire plutôt que de créer des dissensions.

Mais cet avis n'engage que moi.

Fondateur du journal "Le Sénégal" et parrain de Blaise Diagne, il fut vite supplanté par celui-ci. Il continua néanmoins à collaborer avec lui et à le soutenir jusqu'en 1928, lorsque Blaise prit cette voie médiane imprévue de la collaboration avec ceux qu'ils combattaient tous : les néo-négriers nantais et bordelais et leurs métis sénégalais qui tenaient la dragée haute aux Noirs.

A la mort de Blaise Diagne, en 1934, Ngalandou Diouf est élu au Palais-Bourbon.

En 1940, il ne put voter contre les pleins pouvoirs dévolus au Maréchal. En accord avec le président Lebrun, il était à bord du "Massilia", ce bateau qui devait transporter les parlementaires en vue de constituer un gouvernement de résistance à Casablanca.

Lorsqu'à Port-Vendres, qui ne devait être qu'une escale, ils furent au courant et décidèrent de rester sur le territoire français métropolitain, il leur fut opposé de multiples vicissitudes, souvent aboutissant à la mort, par la police vichyste désormais alliée à l'occupant allemand.

A bord du "Massilia", se trouvaient des dizaines et des dizaines d'autres parlementaires dont Georges Mandel, Jean Zay, Pierre Mendès-France et autres que l'Histoire illustrera.

Ngalandou Diouf décède en 1941.

LAMINE GUEYE

Celui que l'Afrique occidentale nomme "Maître Lamine" naît en 1891 à Gao, au Mali, d'une famille sénégalaise, venue de Ndar dans les cartons de l'Administration coloniale. Les familles de son père, Birahim, comme celle de sa mère, Coura, sont restées enracinées dans la ville de Ndar.

Il étudie le droit en France et devient le premier juriste noir de l'Afrique francophone.

Il faut dire que le Sénégal collectionnait les "premiers" en tous genres. Ainsi, l'actuel président, Maître Wade, agrégé dans à peu près toutes les disciplines qu'offre l'université, se fit fringant et arrogant en son temps. Je sais de quoi je parle, ayant eu le plaisir de l'envoyer paître alors que, pour me demander un simple renseignement, il engueulait son chauffeur, lequel s'était planté pile là où j'étais, à Dakar, Sicap Mermoz (c'est pas moi qui nomme les cités, non plus qui les corrige quand ils ont des noms stupides). Il était beau et majestueux avec son crâne déjà rasé, ou déjà chauve. Il l'est resté. Sauf qu'à l'époque dont je parle, à l'entendre parler, lui, on aurait cru entendre pépier une écolière besançonnaise.

Ce devait être en 1974 ou 75, avant que l'âge et la sagesse qui vont parfois avec, je suppose, n'en fassent enfin, le premier président sénégalais réellement susceptible d'être totalement indépendant des NF (normes françaises ou normes Foccart, c'était pareil pour les précédents).

Mais je m'égare, me dissipe et perd mon fil. Pour changer. Mais mon lecteur comprendra que je ne lui dois strictement rien. Je crie.

Revenons-en à Lamine.

Maire de Ndar en 1925, puis de Ndakaaru 20 ans plus tard, il échoua cependant à la députation en 1934, à la mort de Blaise Diagne, face à Ngalandou Diouf, lequel, filleul politique de Blaise Diagne, fit de Lamine son filleul.

Lamine Guéye n'entre au Palais-Bourbon qu'en 1946, avec son propre poulain, inconnu alors : Léopold Sédar Senghor.

Ne vous étonnez pas de cette procession de personnages qui semblent se succéder comme une ligne d'horizon continue. C'est qu'ils n'étaient pas si nombreux à une époque précise où les philosophies du temps leur ouvraient des portes récemment point envisageables d'être ouvertes à "ces gens-là".

Mais je vadrouille encore, m'égare à nouveau. Crotte !!

Deux lois votées à l'Assemblée nationale française, majeures pour les populations concernées, ont établi une solide réputation à Maître Lamine :

-celle du 7 mai 1946, qui fait des ressortissants des territoires d'outre-mer des ressortissants français à part entière, alors qu'auparavant, n'étaient citoyens que les ressortissants des quatre communes qu'étaient Ndar, Ndakaarou, Tëngeej et Gorée. Je soupçonne le père Lamine d'avoir voulu, par cette loi, récupérer son entière ndarité perdue par sa naissance hors des quatre communes. Mais ce sont là basses médisances de ma part.

-celle, autrement importante, et qui porte l'appellation de "loi Lamine Guéye", du 30 juin 1950, portant sur l'égalité de traitement et d'avantages entre tous les fonctionnaires servant dans l'Outre-Mer, sans regard à leurs races, religions ou statuts. Il faut dire que dans les cantines militaires, les citoyens des quatre communes étaient servis pareillement que les Français blancs tandis-que tous les autres avaient droit à des morceaux de manioc, par exemple, pour dessert.

Lamine Guéye, alors président de l'Assemblée nationale du Sénégal indépendant, meurt à Dakar en 1967.

L'Histoire lui doit cette phrase superbe, énoncée à l'occasion du référendum de 1958 pour le maintien du Sénégal dans la Communauté française, alors que sous des prétextes inconséquents, Senghor et Mamadou Dia s'étaient faits discrets, tant l'esprit populaire, qui n'allait pas être respecté, battait pour l'indépendance :

"UN OUI N'A DE VALEUR QUE DANS LA MESURE OÚ CELUI DONT IL ÉMANE EST TOTALEMENT LIBRE DE RÉPONDRE NON".

AIME CESAIRE

Né en Martinique en 1913, Aimé Césaire obtient en 1931, à 18 ans, une bourse d'études supérieures.

A 21 ans, en avril 1934, avec Léopold Sédar Senghor et Léon Gontran Damas, il crée la revue "Légitime défense" contre la condition du Noir en France. Celle-ci ne connaîtra qu'un numéro, lequel, introuvable, vaut son pesant de platine au moment où j'en parle.

Admis à l'École normale supérieure en 1936, à l'âge de 23 ans, Aimé Césaire écrit l'un des plus beaux poèmes de l'histoire de la littérature : "*Cahier d'un retour au pays natal*".

Il m'est impossible de résumer ici un unique poème de plusieurs pages dont chacune est en soi un pur et absolu chef-d'œuvre.

Entre autres clés de la littérature du XX°, Aimé Césaire a, notamment, écrit "*Discours sur le colonialisme*", "*la Tragédie du roi Christophe*", "*Soleil cou coupé*", "*Et les chiens se taisaient*"...

L'engagé politique est élu à l'Assemblée nationale en 1946. Il y sera régulièrement réélu pendant 48 ans.

Qui dit mieux ??

L'homme est d'une telle simplicité qu'il vous met à l'aise avant que vous vous rendiez compte que vous parlez à un monument.

J'en ai fait l'expérience lors de la première visite de Nelson Mandela en France. Après sa libération et avant qu'il soit président.

C'était le ministère Rocard. Tout ce qui comptait du peuple de gauche était venu le saluer. Tous les connus concassés sur l'estrade, à l'abri de la pluie.

Je me suis retrouvé à coté de Césaire et d'une cinéaste martiniquaise, Euzan Palcy, qui venait de tourner avec Marlon Brando "*Une saison blanche et sèche*". Sous la pluie, à côté d'une espèce de pylône, moi hurlant à tue-tête, à chaque fois que l'écho le réclamait "Les sanctions !!". Nelson Mandela insistait sur le maintien des sanctions, rappelant que lui même, en Afrique du Sud, n'avait pas le droit de vote. Cet homme, Césaire, qui aurait pu être aux toutes premières loges, sur l'esplanade, avec toutes ces éphémères personnalités, avait choisi d'être parmi les sans-grades.

Il me plaît particulièrement de rendre hommage à Césaire, cet homme géant, à l'apport incalculable pour chaque homme noir et pour chaque être humain, au petit matin de ce samedi. A 07:20.

De son vivant.

Monsieur Césaire, vous êtes un homme rare !!

Ce 3 mai 2009, à 00h12, je suis d'autant plus content d'avoir retrouvé le texte précédent que Césaire est décédé l'année dernière, 2008. Cette vivante statue, que, l'année d'avant, les principaux candidats à la présidentielle française étaient allés courtiser pour obtenir sa caution vis à vis des votants noirs, n'a eu droit à aucun hommage digne de son vécu, de sa personne, de son apport à la France et à la culture.

Il a été l'homme politique le plus longtemps régulièrement élu, doyen de présence discontinue à l'Assemblée nationale française pendant près de 50 ans. Ses discours étaient flamboyants. L'INA en garde les archives.

Une fois, il me souvient, à la tribune de l'Assemblée, réfutant la similitude entre "égalité" et "parité", il eut cette formidable formulation : "Par exemple, pourquoi ne changerions-nous pas la devise de la République en : Liberté, Parité, Fraternité. Chiche !!"

Personne n'applaudissait à la joliesse des tournures. Spectateur d'archives en noir et blanc, j'en pleurais.

C'est le même sage qui haranguait les foules antillaises désireuses d'une indépendance en laquelle, lui, qui aurait à coup sûr, été élu président, ne croyait pas, voulant plutôt pour les Martiniquais un certain niveau d'aisance que, séparés de la France, ils n'auraient pas. L'exemple de la Guinée était là, cuisante.

Il eut ces paroles magnifiquement lucides face à une foule prête à en découdre, paroles que je garde dans mon panthéon à moi et ne me lasserai jamais de répéter :

"Le progrès ne se mesure pas en quantité de sang versé mais en quantité de sang épargné"

CHEICKH ANTA DIOP

Il fut en butte à tout ce que le monde comptait de scientifiques parlants, du nord au sud et d'est en ouest. "Parlants" est évidemment mis en évidence pour laisser leur chance à ceux qui, peut-être, doutaient, n'étaient pas en désaccord mais n'osaient pas affronter le monstre de la dis-cri-mi-na-tion. C'était une horreur. Elle faisait peur aux gens de bien qui avaient tout à perdre, pensaient-ils.

Je leur pardonne avec joie. Ils avaient des excuses incommensurables comme d'avoir une famille, des enfants qu'il aurait finalement été fou de sacrifier sur l'autel de la Vérité.

Amusez-vous à passer rue des Écoles, à Paris. Pas loin de l'Harmattan, presqu'en face de Présence africaine, vous trouverez une plaque commémorative où il est marqué à peu près ceci: "Ici, Cheikh Anta Diop écrivit Nations nègres et Culture" ou un texte dans ce goût-là.

Faut dire que le quartier latin, -oh les rues Dauphine, Saint-André-des-Arts la bien nommée, Mazarine, les troquets et boîtes Caméléon, Mazet, Café de Flore et les Deux Magots!!- avant d'être formolisé et formalisé en tant que Quartier Latin, fut le rendez-vous intellectuel de l'Afrique noire qui en voulait par les tripes.

A cette époque, adoncques, les critères n'étaient pas du tout ceux actuels. C'était une époque où, Sartre, pour *Orpheu negro*, Breton pour Césaire et pour l'*Anthologie nègre*, n'hésitaient pas à prendre -très maladroitement !!-des artistes écrivains, parmi "ces gens-là", sous leurs ailes de géants. En fait, ça la foutait plutôt bien. Avec le jazz, Vian, les droits civiques et Juliette Gréco dont je reste amoureux des jolis yeux, à défaut de l'entendre me chanter "Jolie môme", d'un inconnu qui allait devenir Léo Ferré, d'abord jeté par Montand qui était une vraie pute, malgré mon feeling pour "A bicyclette"...

C'était Fonseca qui créait "*Babalu*".

Pardon.

Parfois j'ai l'impression d'être un oiseau qui ne sait jamais qu'il l'est, jusqu'à ce qu'à son grand plaisir, ses ailes se déploient.

Well, Cheikh Anta Diop arrive à Paris en 1946. Maths sup, et Lettres en Sorbonne.

Crée l'Association des Étudiants africains. Dont un certain Amadou Makhtar Mbow, grand Africain s'il en est, premier Nègre à diriger l'UNESCO, deviendra président aussi. Le même Mbow dont les États-Unis, auxquels il tint tête, plus habitués à plus dociles -avant et après lui (à moins que ça ne soit à plus blanc??)- durent attendre la fin de son mandat, en lui faisant toutes sortes de difficultés, depuis les coupes sombres d'abord dans leur participation au budget de l'organisation mondiale, jusqu'à leur sortie sans gloire de l'UNESCO tant que Monsieur Mbow en resterait l'indiscipliné patron. Sortie prolongée beaucoup plus longtemps pour des raisons qui n'avaient plus rien à voir.

Monsieur Mbow, inflexible, conservera, et garde toujours, son honneur -sinon on en rirait encore-jusqu'au bout, malgré la toute puissance de l'Amérique reaganienne. Mais faisons un retour en arrière (comme si l'on pouvait retourner en avant, mais ça, c'est la langue qui s'paume dans mes délires. Ça fait rien, j'adore quand même)

La même année 1946, Cheikh Anta Diop publie dans la revue Présence africaine "Étude de la langue wolof"

-1950, obtient ses doctorats de chimie générale et de chimie physique.

-1951, soutenance de thèse "Qu'étaient les Égyptiens prédynastiques ?"

Il a 27 ans et devient secrétaire général des Étudiants du RDA (Rassemblement démocratique africain).

-1954 "Nations nègres et Culture : de l'Antériorité nègre des cultures égyptiennes aux principes des cultures actuelles de l'Afrique noire".

-Conférence surles "Origines nègres de la civilisation égyptienne", à la Salle des Sociétés savantes, à la salle Maubert, à Paris.

A partir de là, à part de rares intellectuels méconnus et, fort heureusement, un Césaire qui écrivit, à propos de "Nations nègres et Culture" : "C'est le livre le plus audacieux jamais écrit par un Nègre", il commença à être abandonné.

Il était allé trop loin.

-Le 9 janvier 1960, nouvelle soutenance de thèse à la Sorbonne, laquelle sera publiée par Présence africaine sous le titre "l'Afrique noire précoloniale et l'unité de l'Afrique".

Il rentre au Sénégal et fonde un parti politique qui n'avait aucune chance d'accéder au pouvoir malgré l'énorme masse de ses militants, le RND (Rassemblement national démocratique).

Parce-qu'il ne voulait pas du pouvoir pour le pouvoir.

Parce-qu'il se voyait mal gouverner là où il était convaincu que d'autres seraient mieux à leur place, la sienne restant sa chaire de chercheur à l'IFAN (Institut fondamental d'Afrique noire), lequel, à ma grande honte, pour ne pas dépenser des sous pour l'honneur du peuple, garda ses initiales IFAN (Institut français d'Afrique noire). Tout comme le franc CFA devenu "comptoir financier" à la place de ce que vous avez déjà deviné.

Cheikh Anta Diop décède à Dakar le 7 février 1986.

Personne ne lui connait d'ennemis irréductibles. Ni scientifiques, ni politiques.

Il était un homme doux et tendre comme devrait l'être chacun, qui arrivait, par son seul charisme, à fédérer tant de gens de tant d'horizons .

La communauté scientifique internationale rend hommage à ses travaux maintenant.

Comme s'il fallait absolument la mort avant l'absolution et la reconnaissance.

J'allais oublier : l'Université de Dakar porte son nom. Une reconnaissance à laquelle tous les Nègres d'Afrique, et d'autres personnes aussi, se sont associés.

Je ne sais pas comment te lever mon chapeau, CAD, mais toi, je suis sûr que tu le sais.

Peut-être est-il utile d'ajouter ce sans quoi cet article n'aurait aucune raison d'être, à savoir que Cheikh Anta, crédité enfin de l'étiquette de meilleur égyptologue de notre époque, celle qui court toujours, titre auquel il ne tenait pas, retourna à ses recherches, se considérant jusqu'au bout simple historien tenace qui avait fini par faire accepter au monde scientifique, longtemps rétif, que les pharaons, et les premiers Égyptiens étaient noirs.

J'ose -et qui m'en empêcherait ??-ajouter : comme tous les primo-Africains jusqu'à récentes dates dans l'Histoire. Les autres, venus d'Orient, étaient bienvenus jusqu'à ce qu'ils cèdent à la barbarie de déposséder. De commettre le pire meurtre : celui de celui qui, sans te connaître, t'ouvre sa porte, te nourrit et panse tes plaies jusqu'à ce que tu reprennes des forces. Mon Afrique est toujours, immuablement comme ça. Elle finira par se trouver naturellement d'autres moyens de défenses qui ne soient pas la cruauté et l'indifférence, j'aime à croire. Savez-vous qu'il n'y a pas d'Arabes originels en Afrique du nord ?? Non, hein. Eux non plus. Tous sont berbères. Ceux qui croient être d'authentiques Arabes ignorent simplement leur histoire. Tous berbères à l'origine, ils ont été occupés, colonisés et islamisés par... les Turcs. À leur tour, ils tentent régulièrement de réduire la minorité demeurée berbère qui a résisté à la période ottomane. Bon sang, ça ne finira donc jamais...

FRANTZ FANON, CELUI QUI S'EST TROMPE DE COMBAT

Parler de Frantz Fanon est une lourde tâche. Comme si on avait dû rendre hommage à Dumas sous l'Occupation.

Fanon est né en Martinique (il aurait pu naître en Terre-de-Feu que ce serait pareil) en 1925. Si par hasard, vous n'avez pas lu Fanon, je ne vous dirai pas "Cours-y vite, il va filer", mais je vous le recommanderais chaudement.

En 1953, il est nommé chef du service psy de Joinville-Blida. Autant dire qu'on l'envoyait au massacre. Car les Arabes préféraient (ça n'a pas beaucoup changé) se faire massacrer par des personnes qui leur sont supposées supérieures plutôt que d'ouvrir leurs intimités à un Nègre.

Fanon a choisi la cause algérienne. Il a démissionné de son poste et rejoint le FLN (ce qui faisait un Sénégalais de moins chez les Françaoui).

Sartre, qui l'a connu, a laissé un témoignage, que je juge un peu léger (pour ce qu'il n'en pas beaucoup parlé alors qu'il lui a survécu 19 ans) où il parle de lui en termes élogieux, si l'on peut dire. Pour ma part, j'emmerde Sartre. L'époque, il est vrai, n'était pas à la "bande à Bader" où Sartre s'est investi corps et âme.

Anyway, atteint du cancer (selon les traces que l'on trouve de sa biographie), il décède dans le Maryland (je me demande toujours comment) en 1961.

Now, on va venir à la texture de son discours. J'y suis plus à l'aise.

Fanon analyse, avec la science analytique, pathopsychologique, du médecin de l'esprit et la plume de l'écrivain, les plaies du colonisé.

Il ne ment pas. Il ne contourne pas. Il dit la vérité tel quelle. Tous les gens qui parlent de Fanon, moi mis à part, ont lu généralement "Les Damnés de la Terre". Moi, le début du livre m'a ennuyé. J'avais quatorze ans et je ne m'en excuse pas. Par contre "Peaux noires, masques blancs", cela a été tout un rajout enfin important dans ma vie intellectuelle, avec laquelle je m'efforce d'ennuyer le moins possible sur ce sujet si délicat parce-que tant fourré aux oubliettes. Pour une fois, un Noir parlait de la condition spirituelle du Noir sans parti-pris. En observateur dûment imparti du savoir occidental requis pour.

Le monde entier a ignoré Frantz Fanon. Je suis sûr qu'on lui tressera des lauriers avant trop longtemps. Sartre -même si j'ai un blème perso avec à propos de Camus, un putain d'énorme écrivain !!-ne s'y est pas trompé, lui. Lui qui est une superstar.

La vie ne s'y trompera pas non plus.

Quel que soit alpha, qui que vous soyez, si vous lisez ces lignes, je vous recommande de lire "Peaux noires, masques blancs". Peut-être y verrez-vous la preuve de l'inanité de se fonder sur des certitudes tordues. Allez-y de bon cœur !!

NIOUZ DE COTE D'IVOIRE

(16 nov 2004)

L'ONU va appliquer des sanctions aux empêcheurs de faire la paix en Côte-d'Ivoire.

Et encore une tentative maladroite de la France pour se tirer des guêpiers dans lesquels elle n'arrête pas de se fourrer. Sauf que Gbagbo n'étant pas Saddam Hussein, les paysans ivoiriens vont en chier des braises carrées. Car les chefs pour lesquels ils s'entretuent bouffent, eux, sanction ou pas.

Il fallait prendre le problème en amont, avant que Laurent Gbagbo soit régulièrement reconnu président de la République, après avoir appliqué sans vergogne le principe d'"ivoirité" pour écarter le rival d'envergure, Alassane Ouattara, lequel semble, hors toute considération partisane, l'unique présidentiable digne de ce nom parmi tous les -nombreux- candidats, lesquels sont tous des cancres consommés.

Cette manie aussi d'envoyer un représentant officiel de la France au "sacre" de Bokassa, un légat du Pape à l'inauguration de la basilique de Yamoussoukro -la plus grande au monde, copie conforme de Saint-Pierre de Rome, en plus grand, dans le village natal du valeureux Père de la Nation, lequel en a fait d'ailleurs la capitale administrative-ou d'accréditer des ambassades dans l'Ouganda d'Amin Dada.

Vous croyez qu'ils sont idiots?? Pas du tout : just business over all !! Voilà pourquoi on veut faire prendre des vessies pour des lanternes aux téléspectateurs qui voient des Français en train d'être rapatriés, "en laissant tout ce qu'ils possèdent" nous est-il précisé. Qui trompe t'on ?? Ils étaient venus se faire du blé en tondant la laine jusqu'à la dernière touffe sur le dos des Ivoiriens comme partout en Afrique tant que c'était yabon banania. Ménant que les balles sifflent pour de vrai, que veux-tu qu'ils fassent ?? Ben, ils se carapatent fissa vers les cieux cléments de France, en attendant de trouver un autre point de chute juteux moins exposé.

Les voies conjuguées de la politique et de la presse chauvine sont par trop pénétrables. C'est même plus drôle.

HAÏLE SELASSIE

Né Makonen, neveu et beau-fils de l'empereur Ménélik, Haïlé Sélassié est désigné régent-héritier en 1916 avec l'appui de l'impératrice Zwaditou, à la place de l'héritier légitime Lil Yasu, fils de Ménélik, dont les idées progressistes emmerdaient tout le monde.

Il est sacré Négus, roi des rois, sous le nom de ras Tafari, le 2 novembre 1930, à la mort de Zwaditou, en présence de la reine des Pays-Bas et des représentants des couronnes belge, anglaise, italienne et suédoise et de ceux des gouvernements américain, allemand, français, etc. Notez qu'en 1930, tous les pays africains étaient colonisés sauf l'Ethiopie qui ne l'a jamais été, et le Liberia, réquisitionné d'autorité par les Usa en 1848 pour servir de terre d'accueil aux esclaves désormais libres (et encombrants). Ceux-ci, appuyés par l'ancien maître, s'empressèrent d'y instituer la ségrégation entre "Américains" et indigènes. Celle-ci perdura jusqu'en 1980, date à laquelle elle prit fin dans le sang. Mais ceci est une autre histoire.

En 1935, rêvant de réparer l'humiliante défaite infligée par l'Ethiopie à l'Italie à la bataille d'Adoua, Benito Mussolini envahit l'Ethiopie et le Négus se réfugia à Londres jusqu'en 1941, où il put rentrer chez lui. Dans l'intervalle, il fit à la Sdn (Société des nations, ancêtre de l'Onu) un célèbre discours que Bob Marley répandit par le monde à travers l'un de ses gigantesques succès, *War*:

"Untill the philosophy which holds one race superior and another inferior, is finally discredited and abandoned,

Untill the color of a man skin is of no more significance than the color of his eyes..."

Un phénomène inexplicable -pléonasme car tel est le propre d'un phénomène, mais plus explicite-se produit. Remontant à une prédiction de Marcus Garvey, les jeunes Jamaïcains d'abord, puis des jeunes d'un peu partout, reconnurent en lui leur dieu : Jah Ras Tafari -la contraction donna d'abord"rastafarian", puis "rasta"-et se mirent à le vénérer urbi et orbi. Peut-être qu'ils se sont juste trompés d'individu ?? Peut-être que ce qu'ils croyaient venir d'autre part n'était rien d'autre que le sous-marabout, Ibra Fall dont les talibans portent dread locks bien avant la Soumission des Marley, Tosh, Livingstone, I-Jah-Man et autres et leurs disciples innombrables

Haïlé Sélassié -Jah ?!-fut un despote dont le long règne fut synonyme de corruption, d'enrichissement personnel et de mépris des Éthiopiens, posant les jalons de que seront les souverains présidents adoubés par le colonisateur devenu "libérateur". L'Éthiopie est le pays qui, sur le continent, n'a jamais été dépendant. Elle fut occupée par les troupes de Mussolini voulant laver l'humiliation d'Adoua où le négus Ménélik ridiculisa Rome.

Au début des années 1970, de sinistre mémoire, tandis-que des centaines de milliers d'Éthiopiens meurent de faim, l'Empereur nourrit ses lions de plusieurs biches quotidiennement. Il est déposé par une junte et meurt assassiné en détention en 1975.

C'était un monstre.

WARREN GAMALIEL HARDING

A voir sa tof, on ne dirait pas, hein ?? C'est que W G Harding est un Noir du genre Pouchkine, encore moins typé que Dumas fils. Un octavon et, donc, en vertu de cette loi physique très occidentale qui veut qu'on soit nègre dès qu'on a une goutte de sang noir, un Nègre.

Né dans un bled paumé de l'Ohio, près de Marion, William Gamaliel Harding fut le 29ème président des USA, du 4 mars 1921 à sa mort survenue le 2 août 1923.

Républicain, son mandat, écourté par son décès à mi-chemin, ne fut ni pire ni meilleur que la moyenne des présidents républicains. A ceci près qu'il fut marqué, depuis la campagne électorale, par toutes sortes de dénonciations, accusations et autres révélations sensationnelles sur son ascendance noire. Il se garda bien d'y répondre, l'époque étant déjà fort peu propice au simple Nègre lamda. .

Harding se plaisait à dire qu'il jouait de tous les instruments de musique, à part le trombone et la trompette. Je suppose que c'était sa manière de se dissocier des Nègres jazzmen, notables virtuoses de ces instruments. Tout comme fit Edgar Hoover, fondateur du FBI, lequel, homosexuel, stigmatisa les homosexuels, Nègre, persécuta les Noirs.

Son mandat finit dans le scandale des corruptions lorsqu'il meurt d'un arrêt cardiaque à San-Francisco, le 2 août 1923.

Aucune information officielle ne fait état de son ascendance nègre, à ma connaissance. Ce doit être encore trop tôt.

Ce texte date du 25 novembre 2004. Une éternité avant Obama, hein ??

REPONSE A UN COPAIN

En réponse à ta question sur ma réponse à ta première question (j'adore ce genre de bouillabaisse verbale qui n'a l'air de rien mais où rien n'est contraire à la syntaxe !!).

T'as parfaitement raison, Z. Les Européens qui se bousculent pour quitter les pays "pauvres" dès qu'il y a crise savent parfaitement que, ce faisant, ils font reculer l'économie de ces pays de plusieurs années, ce qui est tragique. Ils n'étaient pas venus en philanthropes mais pour s'enrichir sur le dos de pauvres gens, dans l'incapacité de faire fructifier leurs richesses naturelles. Comment crois-tu qu'ils vivent dans ces pays ?? En autarcie, dans un système d'apartheid, avec serviteurs du cru, écoles privées, clubs privés, gardiens et chiens méchants. Dans les années 70, bien après les indépendances, il a fallu qu'un ministre sénégalais se fasse refouler d'un club réputé installé au Sénégal et interdit aux Noirs, le "Village Aldiana", sur la jolie petite Côte si touristique, pour que les autorités sénégalaises, sous le très modéré Senghor, interviennent pour que soit mis fin à ce scandale dont tout le monde était au courant.

Au lieu d'organiser d'interminables séminaires dont l'inutilité n'est plus à prouver, pourquoi les pays développés, où les Africains sont indésirables, n'aident-ils pas réellement à la formation de cadres que leur appartenance au terroir attacherait à soutenir leur économie ou, dans le pire des cas, à la saboter tout seuls ??

L'Irak n'est, en aucun cas, comparable aux pays africains. D'une manière générale, les Arabes inspirent la crainte sinon le respect, là où les Africains, condamnés par les découpages coloniaux à s'entretuer, ne sont qu'un exutoire quand d'autres font baver l'Occident.

Les choses n'ont pas changé depuis le tandem Pasqua-Pandraud, et ne semblent pas en prendre le chemin : quand des bombes explosent dans Paris, on expulse par charters les seuls qui précisément n'ont pas les moyens de se payer un pétard : dangereux Maliens et autres féroces Sénégalais...

ALBERT MVUMBI LUTHULI

Avant Martin Luther King en 1964, et bien avant la très belle et efficace récipiendaire kenyane de 2004, Madame Wangari Maathai, Albert John Mvumbi Luthuli, né en 1898, fut le premier Africain à recevoir le prix Nobel de la Paix, en 1960.

Banni et emprisonné de nombreuses fois, il n'a jamais cessé de prôner la non-violence dans le combat pour l'égalité des races. Emprisonné, il le sera encore en mars 1960 pour avoir publiquement brûlé son "pass", ce document de l'indignité -non de celui auquel il échoit, mais de ceux qui l'ont créé, aux yeux du monde entier, de la justice (si simple pourtant) et de l'avancée de l'humanité-en signe de solidarité aux victimes du massacre de Sharpeville.

Albert John Mvumbi Lutuli meurt en 1967, broyé par un train. Assassiné, moi, je dis.

Nobody remembers him now : c'était le but.

J'apprends par RFI qu'Air-Gabon n'a plus de liaison Libreville-Paris depuis deux mois, ses avions étant immobilisés à Paris pour non-paiement de charges à ADP (Aéroports de Paris) et à l'Asecna, l'organisme interafricain de régulation de la navigation aérienne).

Le président Bongo est l'une des premières fortunes du monde, à l'instar de son défunt confrère et compère Houphoüet-Boigny.

Moins cons depuis les mésaventures des feus (il n'y a pas de règle, je prends sur moi de créer ce pluriel) Mobutu, Marcos et autres Abacha, ils ne font plus état publiquement de leurs richesses.

L'unique honte pour l'Afrique réside dans le fait de venir tout le temps quémander à Paris et auprès des institutions internationales alors même que ses chefs se goinfrent comme les vampires qu'ils sont, aux vu et su de Paris et de ces institutions, lesquelles les accueillent comme des personnes respectables. Ou, pire, prennent des sanctions qui ne font mal qu'aux peuples déjà spoliés.

Je n'ai jamais compris pourquoi les ambassades africaines rivalisent avec celles des pays riches en s'établissant dans le très chic et cher 16ème, au lieu de quartiers populaires comme Belleville ou la Goutte-d'Or, plus accessibles à leurs moyens et où résident leurs ressortissants.

La palme est à cet assassin dont le nom ne sera jamais cité par moi -je le méprise bien trop-qui est reçu à Paris avec tous les honneurs. A l'inverse, le Sénégal de Monsieur Wade reste stable, ce qui ne justifie nullement que son président ait cédé aux sirènes de l'enrichissement frauduleux, ce que je sais de source personnelle absolument fiable : moi.

MOURIDES

Né vers 1850, Cheikh Ahmadou Bamba, résistant pacifiste et mystique africain sénégalais, fonde le Mouridisme en 1883.

J'en ai déjà parlé au titre de sa personne. J'y reviens et, donc, certaines répétitions, je me les pardonne.

Inquiet de l'ampleur de la diffusion de ses idées, jugées subversives, le gouverneur français fait un rapport à la haute administration centrale, à la suite duquel, C. A. Bamba est incarcéré à Ndar en août 1895, puis déporté au Gabon le 20 septembre.

Il était d'usage, dans l'administration française des colonies, de séparer les rétifs de leurs sphères d'influence et de les éloigner dans des contrées où la barrière de la langue les empêchait de sévir. C'est ainsi que C. A. Bamba rencontra au Gabon Blaise Diagne, futur ministre de Clémenceau, et Fara Biram Lô, premier administrateur civil africain.

Revenu du Gabon en 1902, C. A. Bamba refuse de se rendre à une convocation du gouverneur : "Je suis l'esclave de Dieu et ne reconnais d'autre autorité que Lui".

150 soldats sont dépêchés à Mbacké pour l'escorter en exil en Mauritanie.

Il en revient en 1907 pour être placé en résidence surveillée jusqu'à ce que la France lui reconnaisse le statut de guide spirituel et lui décerne la Croix de la Légion d'honneur... qu'il refuse aussitôt, exprimant qu'il n'avait que faire du jugement des hommes.

Cheickh Ahmadou Bamba décède le 19 septembre 1927 à Njaareem. Découvert après sept jours -ses suivants ayant estimé qu'il était en rapport avec Dieu- son corps aurait été aussi trouvé dans l'état de fraîcheur d'un vivant assoupi.

Chaque année, des millions d'individus, de diverses origines, honorent son mausolée et ceux de ses fils disparus, à Touba.

L'extension de la confrérie mouride a été rapide, massive et accompagnée du pire obscurantisme.

Alors que l'homme avait choisi la modeste appellation de Xaadimu Rasuul (serviteur du Prophète), se disciples n'hésitent plus à voir en lui la réincarnation du prophète Mohamed, et, de plus en plus, Dieu himself !!

Si les fils du Marabout, qui se succèdent sur ce qui est devenu un véritable trône, sont relativement discrets, il en est tout autrement de ses nombreux petits-enfants, cousins et membres plus ou moins éloignés de sa descendance. Les taalibe (disciples), dont des intellectuels et des gens ayant toutes les apparences d'une bonne santé mentale, donnent à leurs maîtres spirituels une partie de leurs gains, en échange de leur place réservée au paradis quoiqu'ils fassent sur terre. Les paysans travaillent la moitié de la saison pour le marabout et l'autre moitié à leur compte. Les marabouts qui se multiplient, roulent carrosse, disposent de plus d'autorité que l'État et engrangent des sommes astronomiques.

Senghor avait accepté la construction d'un tronçon d'autoroute à l'entrée de la ville sainte des mourides alors qu'aucune route reliant des agglomérations autrement importantes n'en possédait. Depuis sa tombe, cet ami doit croire que je m'acharne sur lui : mon affection demeure. Je ne puis changer la réalité.

Les taalibe, qui, entre autres, constituent la totalité des marchands ambulants sénégalais que l'on trouve dans tous les pays du monde, ne rechignent pas à escroquer, à se rendre coupables des pires malhonnêtetés, en jurant sur ce qu'ils ont de plus cher. C'est que leur mensonge est déjà effacé du fait de leur contrat avec leur marabout.

Dans un pays où des centaines de milliers de citoyens votent selon la consigne -officielle-des marabouts des confréries, Senghor et Abdou Diouf jonglaient, avec plus ou moins de bonheur avec les chefs mourides, leur confrérie étant de loin le plus fortement implantée.

Maître Abdoulaye Wade, troisième et actuel président du Sénégal, à peu près agrégé dans toutes les disciplines cartésiennes universitaires, s'est rendu dans la "sainte" ville de Touba se foutre à quatre pattes devant son marabout, à son élection, en 2000.

En tout dernier lieu, il n'existait pas d'état-civil dans les villages à l'époque où le résistant serait né, vers 1850.

Plus encore, dans les villes bénéficiant de l'état civil, celui-ci était tenu par des fonctionnaires coloniaux qui ne se faisaient pas chier à écrire autre chose que "Amadou" pour "Ahmadou" et "Mamadou" pour "Mouhamadou", tous deux étant des déformations du prénom arabe du prophète de l'Islam, Mohamed, que, pendant des années, à l'école française, il m'était appris de prononcer "Mahomet". Comme le "baphomet" , triste diable des ésotérismes occidentaux. Mais tout étant relatif, au fronton de l'église parisienne Saint-Merri, à Paris, à deux pas du centre Pompidou, pour peu qu'on y fasse attention, ce sont des saints et des anges qui se prosternent devant la dagyde centrale au sommet, laquelle représente une tête de diable avec ses cornes, le tout bien visible, sans aucune intention apparente d'être caché.

Si, si, je vous assure : allez donc voir !!

Je ne suis pas défendeur ni démolisseur : la connerie des hommes m'est, en ça, d'une aide inestimable. Je suis juste celui qui dit les vérités que tout le monde devine plus ou moins et que l'extrême majorité d'entre nous rejette à priori, non pour ce qu'elles les contredisent, mais parce-que leurs croyances, inculquées par la force, la tricherie ou dès la naissance, les rendent lâches, malléables donc et, surtout, corvéables.

Le Sénégal, pays laïc, n'a strictement rien à faire à l'Organisation de la Conférence islamique (OCI).

Citoyen sénégalais, je proteste et exige -de la manière le plus énergique-le retrait de mon pays de cette instance dans laquelle je ne le reconnais ni ne me reconnais.

DULCIE SEPTEMBER

Née en 1935, Dulcie Evonne September, représentante de l'ANC en France, en Suisse et en Belgique, est assassinée à Paris le 29 mars 1988 par la police sud-africaine, avec l'assentiment des autorités françaises dont Messieurs Charles Pasqua -aux prises avec la Haute Cour de Justice 22 ans après, à 83 ans (!!) mais pas pour cette broutille, oh que non-et Robert Pandraud étaient les ministres de l'Intérieur et de la Sécurité sous la Cohabitation de Jacques Chirac en tant que Premier ministre de François Mitterrand.

Averties par leurs collègues suisses et belges, et malgré la demande de protection faite à l'administration française -qui lui fut refusée-ces autorités françaises déroulèrent un tapis rouge aux assassins engagés par le régime d'apartheid. Leurs noms ?? Les voici :

-Josep Klue, réside au Cap où il possède une ferme.

-Dirk Stoffberg, trafiquant d'armes et agent sud-africain, chef de l'escadron de la mort "Z-Squad, inc".

-Richard Rouget, citoyen français, ex-mercenaire de Bob Dénard.

-Jean-Paul Guerrier, autre citoyen français et ex-mercenaire de Dénard.

Entendu le 18 mai 1998 par la Commission Vérité et Réconciliation, le chef des services de "nettoyage" sud-africain, Eugene de Cop, celui-même qui, en 1988, clamait que l'assassinat de Dulcie September était un succès des services secrets sud-africains, affirme que l'opération fut organisée par Gérard Fourié et exécutée par Jean-Paul Guerrier. Gentiment condamné en France par contumace, celui-ci est toujours déclaré en fuite.

A ce jour, aucun des assassins de Dulcie September n'a rendu de compte à aucune justice.

Les funérailles de Dulcie September, au Père, furent phagocytées par le Parti communiste français stalinien d'alors, époque Marchais, lequel parti séquestra pratiquement les parents et compagnons de Dulcie, venus d'Afrique du Sud ou de leurs lieux d'exil, dès leurs pieds posés en territoire français. Cependant que les Noirs lamda venus honorer sa mémoire -dont votre serviteur-étaient interdits d'accès au Père Lache sans ménagement par le service d'ordre du PCF. Je le sais parce-que j'en étais.

Selon François-Xavier Verschave, dans son livre *La Françafrique*, à l'évidence, des complicités françaises ont facilité l'assassinat de Dulcie September.

Selon moi, ces complicités remontent à Charles Pasqua que je tiens pour l'assassin réel.

Pour répondre à la question d'une amie virtuelle :

Larguons les chichis, je parle clair : je m'insurge farouchement contre le fait qu'on veuille enseigner la Shoah dans les écoles tant qu'on apprendra pas à ces élèves plus de quatre mille ans d'esclavage du Noir -et non pas ces quatre siècles dont on a pratiquement réussi à faire une référence... et ça m'emmerde !!

Contrairement à la plupart des gens qui ne veulent pas faire de vagues, moi, je me donne le droit de mettre les pieds dans le plat.

Les Juifs ont financé la traite négrière. Les Arabes étaient et restent viscéralement esclavagistes anti-Noirs, de la même manière qu'il leur est inenvisageable qu'une femme puisse être autre chose qu'un sous-produit avec un sous-rôle bien déterminé.

Ne parlons pas de la traite dont tout le monde parle, celle, industrielle, mise en place par l'Occident blanc.

Lorsque Monsieur Chirac, sympa par ailleurs -en tout cas, il le fut- s'exprime maintenant sans plus ressembler à sa marionnette des "Guignols", je pense qu'il doit en avoir gros sur la patate au moment où la chocotte le prend de passer l'arme à gauche. Je ne lui souhaite rien de mal. Mais il a dit et couvert toutes choses et leurs contraires. Ce n'est pas par hasard qu'il est, avec Yannick Noah -oui, c'est fait exprès, pourquoi ??-la personnalité préférée des Français.

Évidemment, si on se réfère aux "Français de souche" (??)

Les contraires étaient vrais.

Et, à ce propos, il est bon de remettre les pendules à l'heure.

L'expression "Français de souche" ne se rapporte pas nullement à une souche, une origine plus ou moins lointaine. Les contradictions sont évidentes et légion. Le président actuel est d'origine juive de Hongrie, son père parle un français laborieux, son grand père appartenait à la communauté juive de Salonique si j'en crois un article du Nouvel Obs. Le général De Gaulle, lorrain, est bien moins Français de souche que n'importe-quel doomuNdar du Sénégal, français depuis 1659, lequel doomuNdar est bien plus français "de souche" que toute la Savoie et Nice. Sans même parler des Antillais, de souche française sans l'avoir voulu, depuis quatre siècles au moins...

"Français de souche" ne veut signifier rien d'autre que "Français blanc".

Jacques Chirac a ordonné l'anéantissement de toute la flotte aérienne d'un pays supposé souverain -huit cerfs-volants sans ficelle en représailles pour l'attaque par l'armée ivoirienne du lycée français d'Abidjan.

On apprendra plus tard, par un mercenaire français, Jean-Jacques Fuentès, entendu le 31 mars 2010 aux tribunal des Armées de Paris, que l'attaque ivoirienne était téléguidée par Paris qui, selon des habitudes rodées depuis Foccart, comptait en profiter pour virer un Gbagbo que Chirac ne pouvait sentir. Las : les coucous ivoiriens, au lieu de bombarder les populations autochtones, déclenchant ainsi une émeute fatale à Gbagbo, se plantèrent de cible... Faut dire que côté poisse guerrière, s'agissant de la France, c'est à se pisser de rire depuis la ligne Maginot.

Mars 2011. La France intervient de nouveau militairement, sous les atours de mandatée de l'ONU, dans les affaires internes de la Côte-d'Ivoire. Envoi massif tous les jours de soldats français en plus de ceux de Licorne sur place depuis des années, attaques ciblées contre Gbagbo et ses partisans, désinformation à la télé comme pour mieux faire avaler la pilule d'un éventuel assassinat de Gbagbo, l'anticolonialiste détesté. Guerre impérialiste, la France n'ayant strictement aucune légitimité à intervenir dans les affaires d'un état souverain, lequel, par ailleurs, se trouve sous la double autorité de l'Union africaine et de l'ONU, malgré le peu de considération que m'inspire l'inefficacité du secrétaire général de cette dernière, le sieur de paille Ban-Ki Moon. Redorer une image fantasmée de la France avant 2012 et sa présidentielle ?? Au prix de combien de cadavres nègres ajoutés à l'ardoise de la France ?? À voir plastronner M. Juppé qui -chassez le naturel...- cautionne les pires invraisemblances, en fait dix fois trop pour avaliser une action d'éclat décisive pour la "grandeur" de la France, on se demande ce qu'il serait devenu s'il avait respecté sa parole de se consacrer à sa bonne ville de Bordeaux, loin des ors. Les dents draculesques n'étaient que dissimulées par la longue série d'échecs. Le revoilà fin prêt à servir la France au plus haut niveau, comme ils disent tous... "Qué dérision !!" ajouterait l'autre.

Vous savez quoi : on est loin d'être sortis de l'auberge !!

Il faut attendre de la présidence Obama un immense symbole pour un immense bonhomme. Comme avec Mandela. Et ne rien attendre de positif pour la suite sinon une immense désillusion. Ou, au contraire, un très négatif contrecoup. Ces hommes ne sont pas jugés à la même aune que les autres : ils sont noirs.

Nelson Mandela est intouchable. Obama est systématiquement descendu en flèche depuis qu'il est président. Il lui est reproché dès le départ le prix Nobel de la Paix. Loin d'être con, il a publiquement scié la branche à ses détracteurs : "Je ne le mérite pas".

Personne ne l'a jamais mérité autant que lui : il porte la nouveauté et l'espoir de paix dans des circonstances où ce n'était même pas imaginable quelques mois auparavant.

Madame Clinton, l'ex-adversaire à l'investiture démocrate et Bill Clinton, son ancien président d'époux ont perdu toute crédibilité vis à vis d'un public honnête en faisant appel aux pires instincts des électeurs américains blancs. C'est dommage. Ça veut dire que ceux qu'on a adoré pour leur personnalité, à l'heure du choix, peuvent se vautrer avec aisance dans le caca en utilisant contre leur adversaire les pires préjugés des pires électeurs.

Barack Obama a été élu parce-que sa beauté physique et sa séduction naturelle ont fait passer son discours intelligent. Ses ennemis ne sont ni ses électeurs, ni la Chine, ni la Russie. Ce sont ceux parmi les Américains blancs qui détiennent un pouvoir de nuisance. Et ils ne sont pas seulement républicains.

BLAISE DIAGNE

Né Galaye Mbaye Diagne (1872-1934), il fut appelé Blaise par ses parents adoptifs.

Premier député africain -et non premier député noir comme le blanchiment d'histoire laisse tout le monde croire-à l'Assemblée nationale française, régulièrement réélu de 1914 à sa mort.

Natif de l'île de Gorée, au large de Dakar, fameuse pour sa Maison des Esclaves devenue un musée, patrimoine universel, où étaient serrés les esclaves pris ailleurs car il y avait un pacte entre les habitants de Gorée et les...traitants??... lequel stipulait qu'un habitant de Gorée ne pouvait être esclave.

Blaise Diagne commença par s'illustrer, à travers son éloquence et sa virtuosité parlementaire, dans la lutte contre les néo-négriers qu'étaient les riches familles de Bordeaux et de Nantes.

Il promut la loi qui porte son nom et qui accorda aux citoyens de quatre communes du Sénégal -Saint-Louis, Dakar, Rufisque et Gorée- la pleine nationalité française.

En 1917, quatre ans après être entré au Palais Bourbon, Clémenceau l'appelle dans son cabinet où il lui offre un ministère créé pour lui : Commissaire général des troupes africaines, chose inimaginable pour un lycéen actuel : le premier ministre noir de la République après en avoir été le premier député originaire des Afriques nègres.

Par la suite, il fut deux fois sous-secrétaire d'état aux Colonies à partir de 1931 dans des gouvernements Laval d'avant-guerre.

Sa vie peut être découpée en deux périodes.

Celle où il fut le défenseur des intérêts des colonisés. Il disait "Je suis noir, ma femme est blanche, mes enfants sont métis. Qui, mieux que moi, pourrait défendre les intérêts de tous ??"

Puis celle où il finit par se rallier aux esclavagistes nantais et bordelais, ce qui le dévalorisa au yeux des jeunes intellectuels montants sénégalais qui l'avaient soutenu jusque-là. Parmi eux, Ngalandou Diouf et Lamine Guéye, tous deux futurs députés au Palais-Bourbon. C'est le moment de vous renseigner, de faire vos recherches tout seuls.

Ainsi survint un paradoxe extraordinaire : le Noir Blaise Diagne faisait de la propagande en Afrique pour recruter des troupes chair à canon, ce qu'il réussit avec le soutien de Clémenceau : 80000 Noirs officiellement, lesquels se mettront à dos toute la famille occidentale mondiale pour avoir été désignés occupants de la rive du Rhin. Il en est resté une expression, titre d'un précédent chapitre, qui garde toute sa profondeur : la Honte noire. Celle que les pays occidentaux reprochaient à la France d'imposer aux Allemands, ceux-ci appartenant tout de même à la race blanche !!

Pendant que le gouverneur de l'AOF de l'époque, un Hollandais français natif d'Algérie, Joost Van Vollenhoven, ne voulait pas entendre parler de l'injustice qu'il y avait à créer des troupes coloniales à partir de ses administrés qui n'avaient rien à voir avec cette guerre et n'étaient pas formés pour la mener. On connait la suite, d'où vient le nom des "tirailleurs sénégalais".

Je trouve assez savoureux que Monsieur Wade, président du Sénégal, ait jugé utile de fêter à grandes pompes, la "Journée du Tirailleur", précisément quand il en reste moins de huit.

Non, là, je médis. Je titille Monsieur Wade parce qu'il est le plus indépendant des présidents sénégalais. Notez qu'il n'y a eu que deux avant lui. Cette journée, désormais fériée, est une avancée. Il est juste dommage d'avoir attendu soixante ans pour la faire.

Pour en revenir à Blaise, ses amitiés maçonniques furent sans doute pour beaucoup dans son ascension. Mort à Combo-les-Bains, dans les Pyrénées, il est enterré à l'extérieur du cimetière de Dakar, à l'écart des croyants, comme les suicidés... et les francs-maçons sulfureux.

Blaise Diagne reste une fierté nationale sénégalaise, sinon africaine. Si je devais donner mon opinion, elle serait qu'il faut juger les gens selon leurs possibilités de l'époque. Blaise Diagne n'a pas ces excuses pour avoir tourné casaque et créé, de par son fait, une hécatombe de soldats noirs qu'on mettait au front sans qu'ils sachent tenir un fusil. Non plus que pour s'être fait acheter par les consortiums bordelais et nantais.

Au Sénégal, Blaise Diagne est un héros national. Il le mérite sans doute, au vu de la première partie de sa vie publique. Avant qu'il décidât d'en croquer.

Pour ma part, je retiens impitoyablement qu'en donnant avec enthousiasme sa caution au travail forcé des Africains sous tutelle française, il est le sinistre complice des innombrables morts de la construction du chemin de fer Congo-Océan.

Entre autres.

26 janvier 2010. Le rapporteur -un imbécile populiste patenté, maire UMP d'une banlieue dite "difficile"- de la commission mise sur pied pour la circonstance, révèle que la burqa et le niqab seront interdits dans les services publics et dans les transports. Contre l'avis de nombre de députés de la même majorité UMP qui voulaient que ces attributs, dont on ne sait plus s'ils sont vestimentaires ou religieux, soient prohibés partout.

Notez que la principale force d'opposition, le PS, a boycotté la commission.

Les deux positions UMP sont également fumistes et électoralistes -nous sommes à la veille des élections régionales-et seraient oiseuses, comme à l'habitude, si les seconds ne confortaient pas les premiers en hurlant en chœur que ceux-ci ont peur que le Conseil constitutionnel refuse d'avaliser l'interdiction totale.

Ce n'est pas vrai. Et, tout comme moi, les deux parties le savent parfaitement. Le Conseil constitutionnel n'a rien à voir avec tout ça. Les premiers, crypto-fachos grandes gueules, courtisans éhontés de leur seigneur tout puissant, ont, tout comme celui-ci, les chocottes d'éventuelles représailles arabes. Ben Laden ?? Nein danke !! A tel point que chacune des parties préfère faire semblant de croire l'autre. Point très glorieux. Le XX°, je le répète, n'a pas été un très bon cru pour la France. Cette mascarade des représentants du parti majoritaire du président très autoritaire qui n'a pas pu s'empêcher de se ridiculiser encore hier soir à la télévision augure mal de ce début de siècle. Il rappelle, hélas, ces forts en gueule très doués pour déclencher des guerres autant que prompts à les perdre et à se jeter dans les bras de l'ex-ennemi devenu ami d'enfance... jusqu'à ce qu'un Félix Eboué fasse venir les troupes africaines pour le bouter dehors.

Pour critiquer Obama qui n'a pas fini le job en Irak en une année de présidence, c'est "Vas-y Poupou !!" sur tous les tons. Dès qu'il s'agit de toucher à ces Arabes que tant l'on déteste mais qui -en plus du pétrole-ont la fâcheuse manie de rendre deux bombes pour une réprimande et, surtout, à l'improviste, c'est la fête aux circonlocutions et autres acrobaties de vocabulaire.

Les Kurdes découverts sur une plage de Bonifacio avant-hier, tout droit débarqués d'une planète inconnue, sont déjà en liberté, pour mon plus grand plaisir, lequel n'est gâché que par la vive inquiétude que m'inspirent les nuages ténébreux qui, toujours dans ce genre de circonstances, volent bas sur les pauvres Maliens de Montreuil, éternels boucs émissaires des Pasqua-Raoult de toutes époques.

Retournons à nos sombres moutons, comme il est dit qu'il faut ainsi dire, sans préjudice aucun :

Ce 28 janvier 2010 à 11:44 : Clearstream !! Again ??

Les deux protagonistes guignolesques me sont autant détestables l'un que l'autre. Sancho à la place de Quichote.

L'autoritarisme, tel qu'en France nous y sommes habitués depuis 2007, atteint ses sommets lorsque le chef de l'État, suprême magistrat, légalement intouchable et directeur de tout comme tout le monde l'a pu constater, est admis par la Magistrature à se porter parie civile contre quelqu'un. Malgré tout ce qui précède.

Ce chef de l'État, dans sa colossale incompétence, ouvre à son adversaire tellement haï un boulevard, sinon vers le pouvoir, au moins vers l'acquisition d'une bonne partie de l'électorat qui l'a fait élyséen.

12 février 2010.

Aujourd'hui, la sortie de prison de Nelson Mandela est fêtée pour ce que c'en est le vingtième anniversaire.

Il est beau de voir l'Homme demeuré universel malgré ses quatre-vingt-dix ans. Je suis triste de ne pas voir Winnie mais ça ne regarde que moi. Comme Hugh Masekela, je voudrais des choses qui ne dépendent pas de moi et dont la morale et la décence m'interdisent de me mêler.

Lors des indépendances africaines massives, en 1960, il y a cinquante ans, le gouvernement français, de peur que les Antilles basculent aussi, transplanta par force des milliers d'Antillais -en majorité des femmes-en France, les installa dans la Seine-Saint-Denis, le 93, cet ex-numéro de l'ex-département algérien de Constantine. Avec interdiction absolue -si si !!- de retourner dans les terres d'où ils avaient été kidnappés une seconde fois historiquement douloureuse.

Ce 13 février 2010, Haïti se meurt ?? Laissez-moi rire à gorge déployée...

Le 93 était "rouge", communiste. La majorité de ces déportés était des femmes. Peut-être était-ce pour les empêcher, de mettre au monde de futurs Sékou Touré ?? Puis, tant qu'à faire et pour rien laisser perdre, emmerder ces salauds de Rouges qui, eux, avaient réellement résisté, eux, en 40.

Voilà pourquoi les hôpitaux parisiens sont tellement emplis d'infirmières, ambulanciers, aides-soignants Guadeloupéens, Réunionnais, Guyanais, Martiniquais... tellement exotiques.

1960 : c'était le règne du bon De Gaulle.

Aux USA, les Noirs en ont chié des braises carrées avec l'Esclavage, puis la Ségrégation et son trop lourd lot de lynchages et de dénis de justice.

Mais l'Esclavage y a été aboli pour de bon.

La Ségrégation y a été abolie pour de bon.

Les deux abolitions y sont, plus que moins, respectées, bon gré mal gré. La discrimination positive y a été appliquée. Ce qui fait que s'il y a une incroyable disproportion entre les Noirs et les Blancs en situation d'enfermement ou en situation de l'être, la lettre de la loi y est, plus que moins, respectée. Il y a des étudiants noirs dans les écoles les plus prestigieuses d'où ils sortent avec des diplômes prestigieux qui leur donnent réellement droit à l'exercice de professions de qualité. Des Noirs y sont officiers aux plus hauts grades dans l'armée, maires des plus grandes villes, sénateurs, représentés dans tous les domaines. L'actuel président est un Noir.

Ai-je dressé un réquisitoire contre la France ??

Oui.

Contre la France de 2010 où la discrimination est sournoise et rampante et ne laisse aucune chance à un Noir libre.

Parce-que rien n'y est fait pour que la lettre de la loi y soit respectée.

Cette France est indigne de respect.

La Congrégation des Damnés, qui justifie le titre de cet ouvrage, est composée de tous ceux qui, dès mai 2007, ont suspendu leurs âmes pour profiter des ors et avantages du pouvoir, pour en être coûte que coûte, en choisissant de se rallier à un fantoche ridicule, dont ils connaissaient dès le départ l'incompétence, les lacunes et les penchants fascisants.

Il s'agit de:

– François Fillon

– François Borloo

– Éric Besson

– François Baroin

– Chantal Jouanno

– Fadela Amara

– Dominique Strauss-Kahn

– Bernard Kouchner

– Michel Rocard

– Jacques Lang

– Jean-Marie Bockel

– Jean-Pierre Jouyet

– Martin Hirsch

tous les autres étant inoffensifs de par leurs fonctions ou n'ayant jamais fait la preuve qu'ils étaient dotés d'âme.

Et je vais clore avec le postulat de Samory Touré, grand résistant africain à la pénétration française :

QUAND UN HOMME REFUSE, IL DIT "NON !!"

Dofbi Kasaragi
12 avril 2011, Paris